西班牙史

Spain

首開殖民美洲的國家

方真真、方淑如——著

三民書局

增訂二版序

本書初版於2003年發行以來，至今已近二十年。這近二十年來西班牙政局變化大，歷經政黨輪替、小黨成立與崛起、新政策的推動、加泰隆尼亞自治區的獨立紛爭、新冠病毒疫情重創等等問題。近年來，臺灣人赴西班牙旅遊觀光的人逐漸增多，但一般亞洲和歐美觀光客常去之處是大城市，就如筆者以往對西班牙的認識多僅限於大城市。基本上，住大城市的西班牙人，在經濟充裕時多會在小村鎮或海邊購置另一房子，以作為度假之用。8月是西班牙人度假的時期，許多西班牙小村鎮會湧入從外地來的西班牙人。2013年起，筆者常往返西班牙籍夫婿Alejandro Suárez Linares所居住的Ávila省的La Adrada村鎮，並赴各地小村鎮探望親友與旅遊，這些年體悟到要了解傳統西班牙文化得往小村鎮走，至今許多西班牙的小村鎮仍保有傳統的節慶及飲食，這些節慶及飲食皆具不同在地特色，而且在中部卡斯提亞各村鎮的山區仍可見中世紀以來山牧季移的畜牧方式。如今，利用本書再版的機會，增補書中某些內容，一方面讓讀者了解現在西班牙的情勢，另一方面讓想赴西班牙留學與旅遊的人能有先行認識。

方真真

2022年4月

自　序

提到西班牙這個國度時，很多人的第一印象是拉丁民族的熱情、佛朗明哥舞、鬥牛、海鮮飯以及吉他。這種刻板印象，也是我未到這個國家之前的想法。在我剛接觸西班牙文的時候，由巴塞隆納公立語言學校所編的西文書 *Esto funciona* 中，作者曾帶著諷刺的口吻來描述那些對西班牙所作的宣傳假象：「我們全會彈吉他，跳佛朗明哥舞，出門穿鬥牛服裝，整天吃海鮮飯。」甚至在西班牙境內，當你跟馬德里人談論有關對巴塞隆納的看法時，許多當地人把加泰隆尼亞人視為“tacaño”，也就是「小氣、吝嗇」之意。就如同它的語言總是比西班牙語還簡短，省略後面的字母，如西文的「陳列、展覽」(exposición)，加泰隆尼亞語稱“exposició”之類的字彙。這兩地間的不和睦，也可以從足球比賽他們是支持皇家馬德里隊或巴塞隆納足球隊看出。當你在西班牙中部的卡斯提亞、南部的安達魯西亞、東北部的加泰隆尼亞、北部的巴斯克、西北部的加利西亞等地住過，與他們接觸過後，就會打破你對這個國家先前的刻板看法。

很少歐洲國家的文化像西班牙一樣地明顯，讓人一眼就能辨別出來。許多人到過西班牙以後，總會認為它的經濟落後，辦事效率低。如果我們從另一個角度來看這個國家，你會發現它在藝術文化方面擁有許多經濟發達國家所沒有的氣勢。這也是當我們提到藝術、文學時，總不會忘記有許多來自西班牙的藝術和文學大師，如塞凡提斯、1989 年諾貝爾文學獎得主瑟拉、來自加泰隆尼亞的畫家達利、米羅、建築家高第、聲樂家多明哥，還有委拉斯奎斯、哥雅，以及生於馬拉加的畢卡索等人。此外，到過西班牙的人會覺得西班牙人吃飯時間很不同於其他國家，對於很多剛到這個國家的外國人而言，總是非常地不習慣。他們午餐時間是兩點以後，這也是許多商店休息的時候，而很少人會在九點以前吃晚餐。剛到西班牙求學時，會奇怪一般人生理時鐘到了十一、十二點就饑腸轆轆，他們怎能忍受？原來這時候，西班牙人會到 bar「喝一杯，吃一些小菜」。

事實上，西班牙各地有著不同特色與傳統，各地有各地的節慶和傳統舞蹈，甚至存在四大官方語言和幾種方言❶。在那瓦拉地區，每年的聖費爾明節 (San Fermín) 總是吸引成千上萬的人來目睹公牛奔竄街上的情景。在瓦倫西亞每年三月會舉行 “Falla”（火的意思），當地人辛苦建造起來的幾百個模擬像，在剎那間用一把大火將其燒成灰燼。在塞維亞每年的四月，有 Feria，在

---

❶ 四大官方語言指的是卡斯提亞語 (castellano)、加泰隆尼亞語（catalán，源自拉丁語）、巴斯克語（vasco，此語的來源仍在迷霧之中）、加耶戈語（gallego，與葡萄牙語相近）。西班牙境內的方言有瓦倫西亞語 (valenciano)、馬優基語（malloquín，它和瓦倫西亞語皆與加泰隆尼亞語相近）、安達魯西亞語（andaluz，與卡斯提亞語相近）等等。我們現在所謂的西班牙語是源自卡斯提亞語。

街上可以看到當地人穿著傳統服裝、坐馬車、跳著塞維亞的傳統舞狂歡。而在西班牙的其他地區也有屬於它們的節慶或慶祝基督徒奪回失地的節日。一般在各個城市市中心的廣場內也常會看到當地人跳著傳統舞蹈。

除了語言、文化思想的差異外，佛朗哥（執政三十六年）專政時代的壓迫，更擴大現在西班牙境內原本就難以化解的歷史情結和政治衝突的局面。其中以加泰隆尼亞人和巴斯克人的追求獨立運動最為人知，前者採用溫和方式，後者則採用汽車炸彈的激烈手段。巴斯克分離分子在 1959 年建立「愛塔」(ETA) 組織，並在 1967 年把它定義為「巴斯克祖國自由運動」，以暴力和恐怖主義作為尋求巴斯克民族自由的唯一途徑。由於佛朗哥執政時，不准加泰隆尼亞人和巴斯克人說自己的語言，學校一律以西班牙語來教學。這也是造成今日兩地人民民族意識高漲的重要因素。這令我想起以前在巴塞隆納大學唸書時，許多教授並不願意以西班牙語來講授，即使他們的西班牙語說和寫比加泰隆尼亞語流利。

佛朗哥死前（卒於 1975 年 11 月），把政權交還給西班牙國王璜卡洛斯一世。他於 1978 年 12 月頒布民主政體的新憲法。在政治轉型期間曾有軍人試圖政變不成，而璜卡洛斯一世當時處理得當而贏得人民的讚賞，加上其親民的形象，在當時獲得許多西班牙人的尊敬。

2000 年 11 月剛好是佛朗哥去世後二十五年，也是國王璜卡洛斯執政二十五週年，西班牙各大報皆在報導這個對西班牙人而言重要的歷史時刻，根據馬德里的《國家報》在 2000 年 11 月 28 日的報導：今天西班牙的中學生看待佛朗哥執政時期就「如同一個失落在歷史節目中的黑暗時代」。許多學者則建議把「佛朗哥專政」這段歷史看成是一個具免疫力且以反對「獨裁政權」的理念來看待。事實上，大多數人對佛朗哥所作所為感到畏懼。只聽過少數老一輩的人會談到「那時的治安比現在好太多」。當然，專制獨裁並不能以此作為它違反人道和自由的藉口。

基本上，西班牙人是個友善、樂天的民族。它曾經過許多民族的統治，並不斷融合而產生今日所謂的「西班牙人」(español)。在歐洲國家當中，它也擁有不算少數的吉普賽人。然而吉普賽人那種過慣自由、不受拘束的天性，也為現今的西班牙政府帶來了社會隱憂。西班牙這個國家有良好的氣候、優渥的天然條件、出產許多多樣豐富的產品。加上陽光普照和美味佳餚，這些得天獨厚的條件也正是它每年吸引許多觀光客的原因。而觀光業的興盛也為西班牙政府帶來重要的財源。

另外，值得一提的是，在宗教史上，西班牙是個虔誠的天主教國家，教會擁有極大的特權。在內戰期間因教會支持佛朗哥，而更加地鞏固其地位，並把宗教列入中小學教育必修課程。不過，當時的教會也有一些正面的功用，它是許多「異議分子」的避難所。1962 年梵蒂岡宗教會議曾反對西班牙天主教支持獨裁政治，贊成政教分離。然而政教分離的正式規定卻得等到 1978 年所頒布的憲法，它只承認教會在社會上的道德力量。即使宗教力量在政治上已經式微了，一般年輕人也很少上教堂作彌撒，但在民間社會上它已經成為文化的重要一環。從每年「聖週」（耶穌復活的前一個星期）期間，南部安達魯西亞各地舉行隆重莊嚴的宗教遊行就可以看出。今日的西班牙中學課程裡仍保有「宗教課程」，不過，它只成為選修課，不像以前一樣強迫學生必須修習。

本書共分兩大篇，第 I 篇是簡略地介紹西班牙的地理環境，從其民族起源、發展到 1492 年中古時代的結束，由筆者撰成；第 II 篇，從卡洛斯一世 (Carlos I) 及西班牙的擴張、沒落到現在的發展情形，由專攻西班牙近現代史方淑如老師執筆。我們希望藉由此書，使讀者能更加了解這個遙遠國度的歷史文化。它曾經在十六世紀和十七世紀前半期的歐洲歷史舞臺上扮演著舉足輕重的地位，成為歐洲最強盛的國家，並把其影響力擴散到現在的中南美洲。

由於筆者才疏學淺，書中有疏漏和錯誤之處，尚請方家不吝賜正。

方真真

西班牙史
首開殖民美洲的國家

目　次 | *Contents*

第 I 篇

古 代

第一章 *Chapter 1*

西班牙的地理環境

第一節　「西班牙」一名的由來

「西班牙」這個名字的由來一直是備受爭論的。一般認為此字源自塞爾特語的 “Span”，意指巴掌，此乃因為西班牙的中央地帶狀如巴掌，而且它是進入地中海的鎖鑰。不過，第一個使用 “Spania” 名稱的是希臘人。之後，羅馬人採用 “Hispania” 來稱呼西班牙。

然而，早在塞爾特人 (celtas) 到達西班牙之前，島上就已經居住著伊比利人 (iberos)。至於「伊比利」(Iberia) 此字源自 “Iberus”，它源於字根 ib，是河流之意。當時的希臘人用此字來指「伊比利人居住的國家」。而半島上的大河之一——厄波羅河的來源也與此有關。不過，「伊比利」這個名詞卻得等到十九世紀的上半葉，一些研究人員才正式使用來命名這個位於歐洲大陸南端的半島。事實上，在進入近代以前我們必須認清西班牙與葡萄牙的歷史是緊密相連的，這時期更適合以伊比利半島的整體性來看其歷史脈絡的演變。

第二節　得天獨厚的位置

伊比利半島東西長約一千公里，南北長八百五十公里，而西班牙的面積有五十萬四千八百七十一平方公里。其領土還包括東部的巴利阿里群島、大西洋上的加那利群島以及北非沿岸的兩個城市：塞屋達和麥利亞。這兩個位於北非的城市有百分之八十是西班牙人。西班牙的緯度是從 36°0' 到 43°47'，半島的內部寬廣、高坦，它的外圍靠海，不險要，東邊瀕臨地中海，西邊有大西洋，南邊是直布羅陀海峽，北邊有坎退布連海。因庇里牛斯山隔離西班牙與歐洲其他國家，使得它的地理位置較為孤立，與其他國家的交通和商業往來困難。然而這些天然屏障，並未阻止一些外來的入侵者和通行者。從其歷史的演變來看，它經常與歐洲其他國家有所接觸，早期有從北方下來的塞爾特人，之後有從東邊移入的希臘人、羅馬人和日耳曼民族，以及中古時代從中歐來的朝聖者和商人。

西班牙本身地處於歐非交接之地，從直布羅陀到非洲大約只有十四公里的距離。這個海峽對很多入侵者而言，有如一個跳板。最早可能有從非洲上來的伊比利人；腓尼基人經由直布羅陀與不列顛做生意；穆斯林經由此海峽到達半島，越過庇里牛斯山進入歐洲，卻被法蘭克國王「鐵鎚」查理所阻，而打碎了征服西歐的美夢；之後葡萄牙和西班牙征服北非也經由此地，甚至現在西班牙境內日漸增加的摩洛哥人和非洲人，以及有些非法移民者，也是通過此海峽到達半島。然而，直布羅陀在 1704 年被英國海軍所攻占，並於 1713 年割讓給英國，即使後來的西班牙人根據地理與歷史緣由，一直要求歸還，但因其獨特的戰略地位，所以英國人遲遲不肯歸還。

從地理位置來看，西班牙擁有極佳的戰略地位，它除了是歐洲到非洲的橋梁外，也是地中海聯繫大西洋、通往美洲必經之路。從這個角度而言，似乎可以理解為何在大航海時代，西班牙是繼葡萄牙之後發展航海貿易，甚至是首開殖民美洲的國家。

第三節　地形、氣候與人文的關係

西班牙幾乎缺少古生代時期的土地。它最主要的成分是屬於第三紀，其地形起伏受此時期阿爾卑斯造山運動的影響而形成一個堅固的半島。事實上，西班牙也存在一些第一紀時期的土地，而且因為長期演變的關係，使得內部形成一個高原。在它的四周幾乎都是高山環繞著，最高超過二千公尺，有北部的加拉伊科山脈、坎退布連山脈，東北部的伊比利山脈，還有高約一千公尺的莫雷諾山脈。除了瑞士外，西班牙是歐洲最多山的國家。它的外圍有庇里牛斯山和貝蒂卡山脈，還有三大盆地圍繞：位於東北部厄波羅河處的厄波羅盆地、位於南部瓜達幾維河（Guadalquivir，源自阿拉伯文 “Wadi al-Kibir”，意指「大河」）的貝蒂卡盆地以

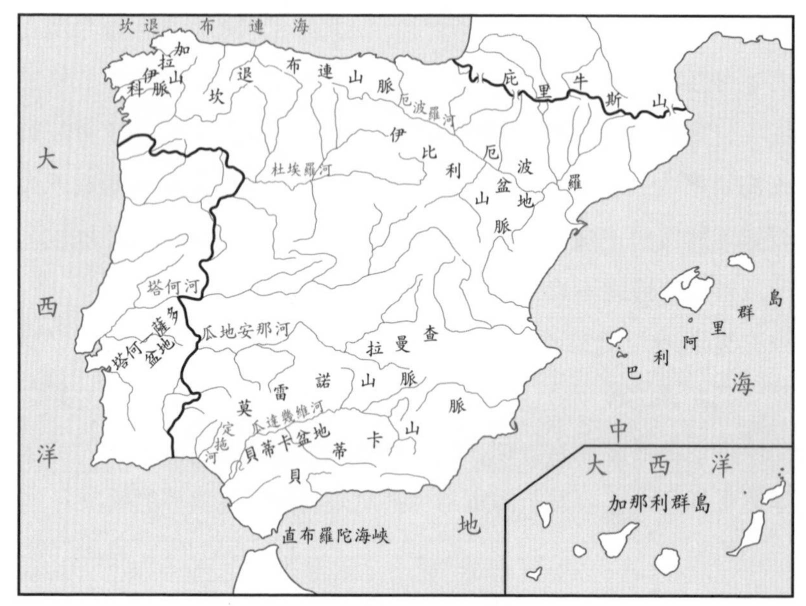

圖 1：西班牙地形圖

及位於西邊的塔何—薩多盆地。

西班牙的河川流量少，北部河川主要是依賴豐富的降雨量。一般而言，流向地中海的河川較短、流量少。除了厄波羅河，四條主要的河川：杜埃羅河、塔何河、瓜地安那河和瓜達幾維河是流向大西洋。在這些河川地帶也孕育出西班牙早期的文化。

由於西班牙處於地中海和大西洋、歐非兩大陸的交界之地，加上多樣的地質構造，造成境內有不同的自然景觀。西班牙東半部屬於地中海型氣候，冬天溫和，夏天乾燥炎熱，春秋多雨，這氣候帶是沿著東南海岸伸展到內陸，再彎入北邊的厄波羅河流域，而這地區也是早期人口稠密與境內文化發展較繁榮之地。西北區是濕潤的海洋氣候，給國內提供了牧地和林地，亦是畜牧民族棲身之地。內陸高原是大陸型氣候，冬冷夏熱，是半乾旱的草原區，也是全國的穀物產地和放牧區。高原的西部土地肥沃出產小麥，南部乾燥生產大麥，尤其是南部拉曼查（La Mancha，源自阿拉伯文 “madsh”，意指「高原」或「焦土」）更是著名的《唐吉訶德》的故鄉。此區在中古時代，尤其是十一和十二世紀，卡斯提亞王國統治時期，其畜牧業發達，以美利奴羊毛最為著名。這地區的綿羊飼主們在當地組成了所謂的「梅斯塔」(Mesta) 協會，作季節性遷移。

受到氣候的影響，西班牙境內多半是灌木叢、橡樹，尤其是在西北部濕潤地帶；在乾燥地帶大多旱生植物，這是地中海本身所特有的；有些地區則形成草原地帶。氣候不僅影響到植物的生長和種類，也影響到人文的發展。西班牙主要作物有橄欖、葡萄和穀物。在降雨量方面，西班牙幾乎有四分之一的土地——主要在東南部——被列為「乾燥」區，每年有超過五個月的降雨量幾乎等於零。由於這些不同類型的氣候散布於不同地區，造成各區域間的隔離，使得西班牙固有的地域觀念更趨於強烈。

不過，也因為伊比利半島獨特的地理條件，極佳的氣候，加上豐富的金屬礦產，從古代以來就是許多民族覬覦之地。這些殖民者在有意或無意中把他們的文化傳入這個半島，使得今日的西班牙成為充滿多元文化與種族的國家。羅馬人引入拉丁文，並沿著伊比利半島的東海岸建造道路，至今仍可看到遺留下來的古羅馬道路和里程碑。西哥德人的入侵也混合了一些有藍眼、金髮特徵的西班牙人。穆斯林統治伊比利半島近八百年中，也造成文化的融合。我們從受其影響甚深的南部安達魯西亞的人民中，可以看出具有伊斯蘭建築特色及與穆斯林長期混過血的特徵：黑髮、突出的五官，而且有很多源自阿拉伯文的地名至今仍保留下來，如南部地區的莫哈卡 (Mojaca)、阿爾穆聶卡 (Almuñécar)、阿爾普哈拉 (Alpujarra)、阿爾巴幸 (Albacín) 等地名。

此外，藉由穆斯林，一些原本非地中海型地區的作物也被引進伊比利半島，例如：杏、洋薊、角豆樹、米、番紅花、糖、棗樹、茄子、歐洲防風根、柳丁、檸檬和胡蘿蔔等等。在南部很多穆斯林曾經統治過的地區，如哥多華、格拉那達、塞維亞等城市的市區街道仍會看到橙樹、檸檬樹，尤其是哥多華的清真寺內院種滿了橙樹。而洋薊至今仍是西班牙人桌上的食物。至於番紅花則是珍貴的香料，對於西班牙的名菜海鮮飯而言，更是不可缺少的佐料。

第二章 *Chapter 2*

史前時代的伊比利半島

第一節　從游牧到定居

史前時代非常漫長，由於沒有文獻記載，我們難以確知當時的情形。在這個時候，人類的經濟社會演進得很緩慢。為了研究及學習者的方便，通常我們將史前時代細分為舊石器時代、中石器時代、新石器時代和青銅時代等。

舊石器時代的人類主要是過著狩獵、捕魚和採集果實的生活。沒有存在任何分工或專業類型的工作。人們分成幾個小的游牧部族，最多不會超過五十個個體。他們每天致力於食物的獲得和用具的製造。在舊石器時代早期（二百萬年前～十萬年前），整個伊比利半島應該不會超過五萬人。這個時期持續最長，但人類遺跡所保存下來的極少。較重要的西班牙遺址是在曼薩納雷斯河的平臺、塔何河口以及托拉爾巴和安布洛納的河口，後兩地皆位於現在的索里亞（Soria，在卡斯提亞區內）。

到了舊石器時代中期（十萬年前～三萬五千年前，即細石器文化），出現尼安德塔人種，是智人的一種。重要的人類遺跡位於桑坦德的莫里山洞、瓦倫西亞的內格羅山洞和直布羅陀。

之後的舊石器時代晚期（三萬五千年前～一萬年前），剛好與最後的冰河期同一時期，且此期較為人所知。冰河期的來臨使得人類和動物從一大陸遷移到另一大陸。大約在二萬年前，北半球聚集了很多冰塊，海的水位下降了一百公尺，使得所有的大陸出現天然的橋梁。而伊比利半島的地理位置有助於原始人類團體的出現。

從梭魯推期 (Solutrense) 文化開始，人類過著打獵生活，箭的形式比以前更完美，尤其是舊石器時代晚期的馬革達連（Magdaleniense，約一萬五千年前～九千年前）文化使用骨和長矛的器具。當時的人類過著半游牧的生活，以捕獵野生動物為生，其中以捕捉馴鹿、野牛和長毛象為主。

不過，到了中石器時代（一萬年前～五千年前）所呈現的文化則較貧乏。因為在冰河消退，大量的馴鹿往歐洲的北方前進之前，人類便不再移民。而且這時的氣候條件也和舊石器時代晚期不同。

一般而言，新石器時代在兩河流域最早約起於西元前 10000 ～前 8000 年。至於伊比利半島上的新石器文化起源較晚（約西元前 5000 ～前 2500 年），大多學者認為當時的人是從東方或非洲沿岸移到伊比利半島，這可從地中海沿岸所發現的新石器山洞文化和安達魯西亞的東南遺址來證實。此外，在巴勒斯

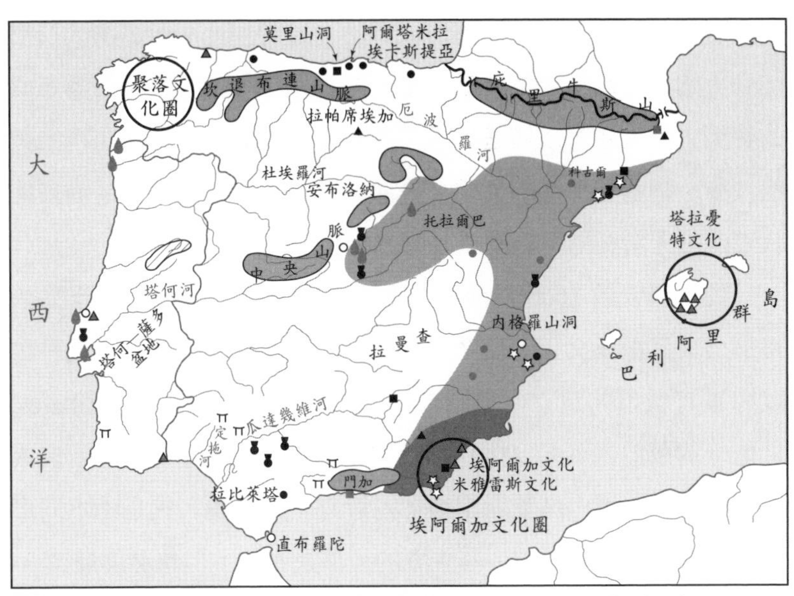

圖 2：史前時代的伊比利半島

坦、希臘、義大利以及從西班牙東北的加泰隆尼亞沿岸到塔何河的河口，都可以找到以心形貝殼印上去的陶器，約屬於西元前 4500 年或前 4300 年，多以畜牧型態為主。

新石器時代人類生活的一大轉變，不僅是石器技術的革新——從粗製的石器到磨光的石器，更重要的是出現了改變人類經濟活動的農業和畜牧生活，而且開始使用鐵器。農業方面大量栽植穀物，如大麥、小麥和黑麥，並實行休耕；畜牧則是馴養野牛、豬、綿羊和山羊。農業和畜牧的型態使得人類從居住山洞走向定居的生活，並組織團體形成聚落。這時伊比利半島的人口增加到大約一百萬。至於新的技術，有鋤頭、鐮刀、犁等鐵器工具的使用，讓人類可以製造出更多的糧食。除此之外，也出現編籃筐技術、陶器和紡織的使用，更產生了分工專業的工作。而最能代表西班牙新石器文化的是「阿爾梅里亞文化」。

到了西元前 2000 年前後，進入青銅時代，在伊比利半島的南部出現了重要文化，農業已很進步，並形成一些聚落，幾乎可以說是有城市的建立。這時較重要的聚落是米雅雷斯 (Millares) 文化，約屬於西元前 2340 年，這個聚落是由大約二千人所形成的小城市，四周由城牆所圍繞，附近有一大墳場，它是由不同形式的巨石建築所形成的，其主要的經濟是畜牧，但也發展農業。

在伊比利半島的東南除了「阿爾梅里亞文化」、「米雅雷斯文化」遺址外，也找到「埃阿爾加文化」(El Argar)。「埃阿爾加文化」，約屬於西元前 1700 ～前 1100 年，它有可能是西方第一個市區文化，並出現專業分工、社會階級和擁有中央集權的君主或軍事領袖。我們從前圖 2 中可以得知舊石器時代的人類遺址多半集中在北部以及中北部一帶；到了新石器時代，重要的文化遺址則轉移到東岸的地中海地帶，由於這時期地中海沿岸的文化發展快速，也吸引許多外來民族的移入，並在這沿海地帶相繼建立商業據點。在下一章節將會談及這些外來的民族。

第二節　精彩的洞穴壁畫和巨石建築

就目前考古所挖掘出來的遺址來看，在石器時代的伊比利半島上可以找到許多令人讚嘆的藝術作品。從舊石器時代晚期的阿爾塔米拉（Altamira，約一萬五千年前所畫）、埃卡斯提亞 (El Castillo)、拉帕席埃加 (La Pasiega)、拉比萊塔 (La Pileta) 等地的山洞所遺留下來的精彩壁畫，可以知道當時的人類長期居住在

圖 3：阿爾塔米拉的洞穴壁畫（局部）　1879 年由薩烏圖歐拉 (M. Sanz de Sautuola) 所發現，於 1985 年被聯合國教科文組織列入世界文化遺產。洞穴內部有一複雜的暗道可通往不同的廳堂，牆壁上布滿了舊石器時代的壁畫和版畫，尤其以畫在屋頂上的野牛最為著名。野牛的圖案以紅色為主，整體上這些動物呈並列形式。

洞穴裡，有固定的工作組織，他們以打獵為生，在出外捕獵動物之前，會舉行神祕的宗教儀式，把他們想要獲得的動物畫在牆壁上。他們不只是畫上顏色，有的還會在岩石上使用浮雕以呈現出一個三度空間的效果。這些洞穴壁畫表現得極自然寫實，最常見的圖案是美洲野牛和馴鹿。

到了中石器時代的伊比利半島則發展著東部壁畫文化，它似乎呈現另一種思想，壁畫以黑色為主，除了動物外，也出現人像。壁畫舞臺上呈現的是敘述性的主題，有打獵、戰士之間的打鬥、女性圍繞酋長跳舞以及採集蜂蜜的畫面。從東北的萊里達到安達魯西亞都可以找到這類的壁畫（這些壁畫於 1998 年被聯合國教科文組織列入世界文化遺產），尤其是萊里達境內的科古爾 (Cogul) 壁畫所表現的掩護場面最為著名。

從新石器時代開始，人類也會使用金屬，他們用銅來製造武器和其他的藝術品，用金銀來製造裝飾物品。到了新石器時代晚期在伊比利半島出現了巨石建築。它具有宗教和喪葬的特色，一般學者認為是集體墳墓。這種巨石文化在地中海沿岸很常見，而伊比利的巨石分布是一個 U 字形連續的圖案，它主要的分布區是從大西洋到南部海岸，東部和內陸高原則較缺乏。在西班牙本土的巨石建築有三種形式，第一種稱「門伊爾」(menhir)，是最簡單的，它是由一塊大巨石垂直地聳立在地面；第二種稱「多門」(dolmen)，由一塊石板或許多塊石板被垂直的石塊所支撐著，形成一個喪葬的廳堂，隨著時間，只留下如同桌子的形狀；另一種則演變成較複雜的形式，內部有暗道，尤其是南部安達魯西亞的

圖 4：位於西班牙西北部拉科魯尼亞的多巴特的多門屬於新石器時代的巨石建築，外部由一塊石板被幾塊垂直的石塊所支撐著，形成一個喪葬的廳堂。這些巨石建築在 1850 年被命名為 “megalitos”，“megas” 是「大」的意思，“litos” 則是「石頭」之意。

門加 (Menga) 所遺留下來的最值得一提。在巴利阿里群島，也有另外三種形式，即「塔屋拉」(taula)、「塔拉憂特」(talayot) 和「納貝塔」(naveta)。塔屋拉，是加泰隆尼亞語，意指桌子，它是 T 形巨石遺跡，由一塊石頭插入於地面，另一塊平放於上。塔拉憂特是圓形，內部有「假圓頂」的建築。納貝塔則是長方形，類似船形的建築物。

第三章 | *Chapter 3*

古代民族大熔爐

從世界史的角度來看，西班牙與其他世界各民族一樣，都是由不同民族混合而成。既然世界各地無所謂由單一民族所組成的國家，那麼文化也就無所謂的「純正、優劣」之分。我們從希臘地理學家埃斯特拉馮（Estrabón，西元前 63 ～西元後 19 年）和羅馬史家大蒲林尼（Plinio，23 ～ 79 年）所提供的有關塔特索人 (tartessos)、伊比利人和塞爾特人的資料可以得知，這些居住在伊比利半島上的早期民族，他們也曾經統治這塊土地，而且彼此互相往來和通婚。在這同一時期的地中海沿岸則出現了腓尼基人、希臘人和喀他希內斯人 (cartagineses)。由於這些不同民族間的交流，使得古代西班牙呈現在我們面前的是一種多元豐富的文化風貌。

第一節　傳說中的塔特索

那是加地爾 (Gadir) 城市，腓尼基語稱加地爾，指的是所

> 有封閉的地方；它之前稱塔特索，在古代是大而富裕的城市，但是有的時期變得較小且沒落，甚至荒廢變成廢墟。
>
> 取自阿比維諾的《海岸》(*Ora Maritima*)

「塔特索」是一個高度發展的城邦，位於貝蒂卡盆地。相傳所羅門王有艘名為 “Tarshish” 的船隻，這艘船每三年出航一次，帶回金、銀、象牙、猴子和孔雀，塔特索因此而得名。在半島上塔特索的社會經濟結構很原始，從有限的資料得知，塔特索應該是一個以農牧業為主的王國，礦業及商業發達，有君主政體，

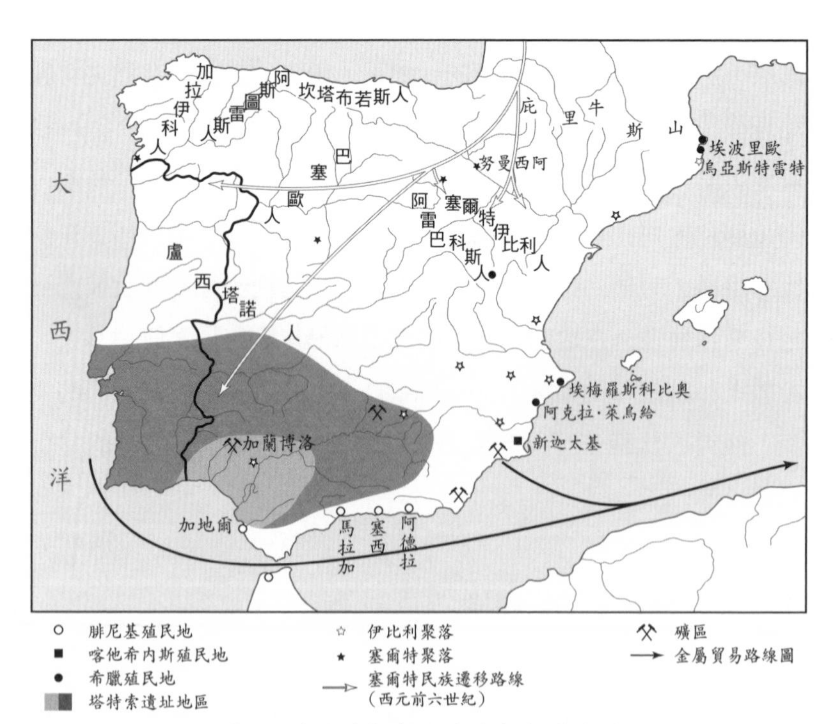

圖 5：殖民時期各民族的分布遷移圖

甚至有立法。在地理上，從它的中心貝蒂卡盆地，它擁有別人領地的定拖河（Río Tinto，位於瓜達幾維河上方的一條小河）和莫雷諾山脈的礦產，一直擴張到那歐（位於現在東岸阿利坎特省境內）山頂。

塔特索人從其首都與腓尼基人和希臘人建立商業關係。西元前四世紀末，迦太基人為了控制金屬路線地帶，派遣軍隊破壞塔特索。考古學家曾經試著尋找塔特索其他城市的遺址，但卻失敗。不過，在 1960 ～ 1970 年，所挖掘到位於塞維亞境內的加蘭博洛 (Carambolo) 似乎提供了第一個有關塔特索文化的考古資料。

塔特索文化水平極類似伊比利人，然而至今為止有關塔特索文化的形成和其民族仍存在很多疑點。透過拉丁詩人阿比維諾（Avieno，生於四世紀中葉）所寫的《海岸》以及其他古代作家的描述，使我們可以探知塔特索文化。對這些古代作者而言，這個王國充滿著神祕色彩，一般認為它擁有豐富的金、銀和錫礦。從希臘、拉丁史料可以確知它的政治組織是屬於君主政體，甚至有一些塔特索的君主具有傳奇色彩，例如：赫里奧和他的後代諾拉斯，與希臘神話中的「大力士」海克力士的神話之旅有所關係。據說赫里奧有三個軀體和三個頭，擁有豐富的牲畜，是個富有的君主，但其牲畜被海克力士所搶，人也被殺。就如同其他的東方國王創建的神話故事一樣，加戈里斯和阿比斯他們皆以文明英雄來呈現他們如何發展農業。加戈里斯是第一個發明使用蜂蜜的人，而阿比斯則教導他的人民農耕，並推廣到他管轄的七個城市。

不過，在歷史上真正為人所知的塔特索國王是阿爾加多尼歐，他在位期間大約是西元前六世紀。對於有「歷史之父」之稱的希臘史家希羅多德（西元前 484 ～前 425 年）、愛好飲酒作樂的詩人安納克雷翁特（西元前 570 ～前 485 年）和其他同時期的作者而言，他是一位愛好和平與極長壽的國王，共活了一百五十歲。在希羅多德的《歷史》一書中，提到位於小亞細亞的弗塞阿 (Focea) 的希臘人到達塔特索後，與阿爾加多尼歐國王建立友誼，阿爾加多尼歐送給他們很多的財富來修築弗塞阿的城牆。

第二節　剪不斷理還亂：伊比利人和塞爾特人

關於伊比利人和塞爾特人之間的問題釐清原本就很困難，不過，現今史學界似乎已較能劃定這兩民族的關係。我們可從希臘資料中得知有關伊比利人的訊息。這是一支矮小、黝黑的民族。有關伊比利人的起源有兩種說法，一是來自北非，與柏柏爾人同屬一族群；另一普遍的看法則認為，他們是由地中海沿岸新石器時代的居民後代所綿延出來。

一般來說，伊比利人不被視為印歐民族，況且其所留下來的語言很難辨讀。不過，藉由現代科學研究得知，史前時代的伊比利人與現今的巴斯克人（來自中亞細亞游牧民族的後代，四千年前先在庇里牛斯山中安家立戶）彼此有關係，這個看法主要是因為巴斯克語和我們所知有限的伊比利語，尤其是他們的城市、河川、高山和地形名稱有所關連。

伊比利人定居在安達魯西亞和地中海沿岸，漸漸擴展到厄波羅山谷和庇里牛斯山。伊比利聚落大多位在小山丘上，規模很小，街道狹窄、彎曲，完全由城牆所圍繞。聚落內有神殿，有時還座落在遠離聚落核心的地方，它的鄰近地帶則有墓地。伊比利人崇拜自然，祭拜太陽神和月神以及來自地中海東部腓尼基人和希臘人的神祇，也實行與農業週期有關的儀式。他們的經濟基礎是麥類、受希臘人影響也栽種葡萄和橄欖為主的農業以及畜牧，在南部沿海地帶則從事金屬買賣的商業。伊比利人與腓尼基人和希臘人有所接觸，受到這兩個民族的影響而有貨幣制度。

伊比利社會基本上是一個由自由人所組成的社會，但也存在君主體制和奴工，而且沿海聚落地帶可能住有中產階級（工匠和

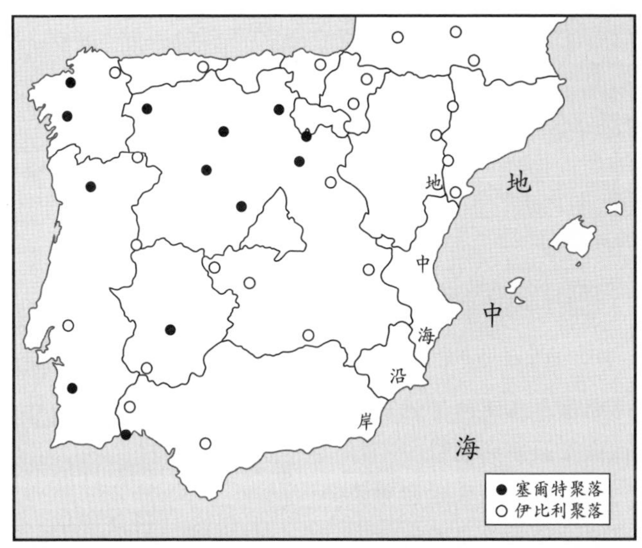

圖 6：古代民族分布圖　從此圖得知塞爾特人主要散布在西北部，而伊比利人則在東北部。

商人）。大部分土地似乎是共有的，雖然也存在私人財產及可能有大地主的存在。公眾事務的決定權是由長老會議和平民會議所掌控。西元前三世紀可說是伊比利人的極盛繁榮期，之後面臨如塞爾特外來民族的侵略。事實上，從西元前六世紀起，在地中海西部的決定性戰役中，這民族常淪為喀他希內斯人的雇傭兵。

他們的藝術遺產則相當豐富，似乎受到希臘人及腓尼基人的影響，較著名的有「埃伽貴婦」(Dama de Elche)、「巴薩貴婦」(Dama de Baza) 等等。「埃伽貴婦」和「巴薩貴婦」都是陪葬雕像，這兩個雕像的背部有一個凹洞可以放置骨灰。「埃伽貴婦」屬於西元前六世紀；「巴薩貴婦」手持鴿子，屬於西元前四世紀。此外，考古學家也發現很多銅製或陶製的護身符和金銀裝飾物。

圖 7：「巴薩貴婦」 在 1971 年出土，此雕像原本用細緻的灰泥塗滿，再塗上強烈的色料，可以看出受到北非腓尼基人的影響很深。目前收藏於馬德里國家考古博物館。

至於塞爾特人，是伴隨著西元前九世紀和西元前四世紀的兩大移民潮來到西班牙，他們是來自中歐金髮的民族。第一支來自印歐民族的塞爾特人，是從「骨灰甕場」遺址所發現的，由於塞爾特人習慣把其骨灰放入甕中，所以考古學家把這些墓地遺址稱為「骨灰甕場」。他們原處於萊茵河或德國南部地區，在西元前九世紀經由庇里牛斯山東邊滲入，定居在加泰隆尼亞地區及卡斯特利翁的北方；另一群人則越過庇里牛斯山的西方，定居在那瓦拉到萊里達平原一帶。當塞爾特人試圖往南部前進時，卻受阻於東部的伊比利人和安達魯西亞的塔特索人。

塞爾特人說的是一種印歐語，他們盤聚在加利西亞、加泰隆尼亞地區、厄波羅河的山谷、內陸高原、阿斯圖里亞斯，有一部分人也住在安達魯西亞和艾斯特里梅杜拉（此地名從十一世紀

圖 8：塞爾特人的住家遺址　塞爾特人的聚落也稱 “castros”，一般座落於地勢較高的地區。其典型的形狀是圓形，無社區特徵，缺乏街道和廣場。每個聚落的居民很少，幾乎不會超過三十到四十戶人家。考古學家在西北部加利西亞地區發現了大約有五千戶塞爾特住家遺址。

起，意指「土地的盡頭」或與穆斯林毗連的疆界地區）。塞爾特人和伊比利人接觸頻繁，漸漸地這兩個民族有通婚的情形出現，而產生了塞爾特伊比利人 (celtíberos)。

塞爾特人是裝備齊全的戰士，並形成一個軍事統治階層。他們也是牧人和農人，知道使用犁，並且從事以穀物為主的農業。當然塞爾特人的重要性在於引入了鐵器和火葬制度。此外，他們也使用銅和鐵做的器具和武器。至今在西北部加利西亞地區還可以看到塞爾特人的遺跡。

第三節　位於內陸高原和坎退布連山地帶的「強悍」居民

> 盧西塔諾人 (lusitanos) 有時會實行活人祭，分析其內臟，但並無取出內臟。他們也檢查胸部的靜脈，觸摸它來作預言。用外衣覆蓋囚犯的身體，也以其內臟來預測未來。當祭司在內臟敲擊時，以第一個落下的東西來解釋預言。他們也切除囚犯的雙手，用其右手來祭神。
>
> 取自埃斯特拉馮

這兩個地區的人民較難以馴服，尤其是在後來的羅馬時代和西哥德人統治時期，這些入侵者歷經千辛萬苦才征服這些居民。位於內陸高原的居民有盧西塔諾人〔指古葡萄牙人，現在的葡萄牙人也自稱「盧索人」(lusos)〕、阿雷巴科斯人 (arévacos) 和塞爾特伊比利人等。坎退布連山地帶的居民指的是阿斯圖雷斯人

(astures)、坎塔布若斯人 (cántabros) 和加拉伊科人 (galaicos) 等。

這些地區的居民大多不是印歐語系，似乎塞爾特人移民到加利西亞的人數並不多。這些地區的民族皆從事畜牧，除了在杜埃羅河附近土地上的巴塞歐人 (vacceos) 以穀物為重之外。在畜牧地區，貴族擁有大部分的財產；而在農業地區，財產和土地的分配是共有的，少有專業分工的情形，錢幣的使用則非常缺乏。

這些人民可分成幾個氏族，其親屬關係則很寬廣。有錢的牧人形成貴族階級，甚至擁有依賴他的食客，但奴隸制度並不存在。一般來說，在某些部族（指阿斯圖雷斯人、坎塔布若斯人和盧西塔諾人），由於富有牧人和貧窮牧人之間的差距甚大，造成盜匪活動頻繁，導致多半貧窮牧人成為雇傭兵的社會亂象。這時期並無「真正的城市」存在，因為所有的聚落皆以城牆圍繞，內部幾乎看不到街道。他們的手工業很缺乏，只有幾何圖案裝飾的陶器和粗糙的動物雕像保留下來，例如：吉桑多 (Guisando) 公牛，此公牛雕像意味著畜牧的保護者。

圖 9：「吉桑多公牛」　在西班牙的內陸高原，羅馬人來臨之前的居民留下許多以堅硬石頭雕刻而成的動物雕像。這些動物雕像技巧粗劣，其造型有豬、野豬和牛，大約超過七百個左右。最重要的是位在阿比拉 (Ávila) 境內的吉桑多公牛，極具象徵性。

從伊比利人和塞爾特人定居在伊比利半島後，西班牙鐵的使用極為普遍、在地中海四周有商業往來以及有書寫資料。這同一時期在地中海沿岸也出現了腓尼基人、希臘人以及喀他希內斯人。

第四節　東來的腓尼基人和希臘人

「腓尼基」這個字源於希臘文 “phoínikes”，希臘人把在西元前 1000 年，居住在迦南（現今的巴勒斯坦）北部沿海一代的居民稱為「腓尼基人」。近代的語言學者確認 “phoinix” 這個字意指「紅色」，它源自印歐語系。希臘人應是把此字和住在腓尼基「面部黝黑膚色」的居民與紫紅色（“Phoínik” 是指腓尼基這個國家著名的工業，可能與紫紅色的染布工業有關，而複數 “phoínikes” 指的是其人民）聯想在一起。即便如此，「腓尼基」這個字的來源是很混淆的，在其他的語言裡有著不同的含意。

腓尼基人是閃族的一支。為了便於築堡和防禦，大部分的腓尼基城鎮建在沿海地帶，而且是各自獨立。他們完全以商業為生，製造玻璃器皿、紡織和金屬工業，而最著名同時使他們獲利最多的是從海螺身上提取醬汁加工製成的一種紫色顏料，他們並試圖壟斷伊比利半島南部有金屬（錫、銅、銀）路線的地點。從西元前十一世紀，腓尼基人在伊比利半島建立商業據點，較早且較重要的是在直布羅陀海峽建立的城市加地爾（現稱加地斯）。根據傳統文學，此城建於西元前 1100 年，然而它確定存在是從西元前八世紀開始。除此之外，腓尼基人也在地中海沿岸的馬拉加（Malaka，現今的 Málaga）、塞西（Sexi，現今的阿爾穆聶卡）和阿德拉（Abdera，現今的阿爾梅里亞）建立商業據點。在腓尼基人殖民時期，安達魯西亞不僅有礦產和金屬的商業活動，也盛行陶器、紫色布、編織、酒、油、玻璃等手工業產品的貿易，還包括了魚、醃製品和奴隸的交易。

事實上，腓尼基人的勢力並無滲透半島的內部，他們與當地的塞爾特伊比利人之間並沒有發生很大的衝突。藉由商業活動，他們向南部的居民傳播文化，教導當地人使用錢幣、字母（以聲音來代表，共有二十二個字母）、金屬製造和紡織技巧，其影響力甚至也反映在伊比利人的宗教信仰上。

希臘人和腓尼基人一樣也試圖靠近有金屬路線的地點，從西元前八世紀及前七世紀，在埃梅羅斯科比奧 (Hemeroscopion)、阿克拉·萊烏給 (Akra Leuke)、馬伊納給 (Mainake) 建立殖民地，甚至在大西洋岸靠近加地爾處的波爾圖斯 · 梅努西烏斯 (Portus Menusius) 開闢殖民地。

不過，真正的希臘殖民活動只局限在半島的東北。這希臘殖民時期與弗塞阿希臘城邦的希臘人大量往外移民的時期是同時發生。他們早已在西元前 600 年的馬賽（今法國境內）建立一個殖民港口。然後到達傳說中的塔特索，之後在西元前 575 年靠近庇里牛斯山西班牙境內的羅沙斯 (Rosas) 灣建立一個商業小島，此處正好與之前所建的埃波里歐 (Emporion)，今稱安普里阿斯 (Ampurias) 面對面。埃波里歐建於西元前 580 年，是個占地約二萬六千平方公尺的小殖民城，市區內有神廟、廣場、二條主要的大街、商店門廊以及水手區。他們主要的財源來自農產品、鹽、茅草和亞麻，當地人以這些產品與希臘人交換便宜的手工製品和陶器。在西元前五～前四世紀，埃波里歐成為半島東海岸及南部陶器的集散中心。而且早期的埃波里歐與馬賽之間維持著某些依賴關係，他們從馬賽獲得希臘陶器，一直到西元前四～前三世紀才真正獨立。

希臘人引入及發展葡萄和橄欖栽培，建立一般學校和專業學校。鄰近的伊比利村落烏亞斯特雷特 (Ullastret)，從西元前六世紀可以看出它受到希臘文化的影響很深，它與埃波里歐之間保持密切關係。甚至古代作家都曾提起，伊比利人後來到達這裡會模仿希臘的宗教儀式。

圖 10：安普里阿斯的希臘遺跡

第五節　來自北非的喀他希內斯人

> 阿米爾卡 (Amílcar) 的女婿阿斯圖烏巴，知道岳父戰敗後，便帶領軍隊及一百多隻的大象到阿克拉．萊烏給。他受封為喀他希內斯人的將軍，挑選五萬名受過訓練的士兵、六千匹馬和二百隻大象。首先戰勝了歐里索 (Oriso) 國王，處罰造成阿米爾卡失敗的罪魁禍首。接收十二個投降的城市，最後征服了整個西班牙。隨後，與一位伊比利國王的女兒聯姻，而且被任命為擁有全權的所有伊比利人的將軍。之後在靠海的地方建造一個城市，稱為新迦太基；他甚至於想超越阿米爾卡的軍力。他擁有六萬名步兵，八千名騎士和二百隻大象。最後他被一名奴隸暗殺，在位共九年。
>
> 取自希臘史家 Diodoro Sículo 的《歷史圖書館 (*Biblioteca Histórica*)》XXV, 12

西元前七世紀，腓尼基人受到塞爾特伊比利人的攻擊，於是尋找北非迦太基（腓尼基人於西元前 800 年在北非突尼斯所建的殖民地）的喀他希內斯人的援助。當時的迦太基是地中海工商業重鎮，約有一百萬人口。當喀他希內斯人抵達伊比利半島後，就成為當地的主人。從西元前 535 年，喀他希內斯人和希臘人在阿拉里亞（指科西嘉島，在當時隸屬於希臘人所有）戰役中，更可以看出直布羅陀海峽及迦太基的優勢位置，喀他希內斯人與義大利的伊特拉斯坎人 (Etruscos) 聯盟，從伊比薩 (Ibiza) 到南方封鎖了希臘人的路徑。這場戰役的結果造成馬賽的衰落以及終止了直布羅陀海峽與希臘人的貿易活動。

喀他希內斯人殖民的方式有兩種形式，一是從西元前七世紀開始殖民西班牙，是商業形式，它持續之前腓尼基人的殖民方式，以買賣南部的礦產和沿海的漁業加工產品為主。不過，這時期的喀他希內斯人把重心放在地中海中部，為了爭奪西西里島、科西嘉以及與馬賽的希臘人交惡而起衝突。另一是西元前三世紀末期的軍事方式，直到羅馬殖民以前，這剛好與迦太基對羅馬之戰是同一時期，而這時的喀他希內斯人在西班牙大肆擴張勢力、大量地開採資源。

羅馬在征服義大利後，成為強國，開始注意商業利益，卻也面臨另一強國北非的迦太基的威脅。很快地，西西里島成為衝突的因素而開啟了雙方之間的戰爭。在第一次迦太基與羅馬之戰（西元前 264 ～前 241 年）後，迦太基失去了對西西里島、科西嘉和薩丁尼亞島的影響力，使得迦太基政府決定把勢力伸展到伊比利半島。巴爾卡 (Barca) 家族所統領的軍隊決定占據半島，於是在西元前 237 年阿米爾卡到達南部的加地斯，開始伸展其勢力，並努力地在西班牙建立帝國，尋找銀礦來支付雇傭軍的費用和為以後的軍事行動作準備。很快地，巴爾卡家族征服了安達魯西亞和西班牙的東海岸，建立新的城市「新迦太基」，此城位於東海岸，今稱喀他赫納，它也是喀他希內斯人的首都。這舉動引起了羅馬人的注意，他們害怕迦太基的勢力捲土重來。

當迦太基首領漢尼拔為了迫使羅馬人開戰，乃於西元前 219

年攻擊與羅馬聯盟的西班牙城薩袞多（Sagunto，此城位於喀他赫納及厄波羅河口之間，屬於迦太基的領土）。這行為開啟了第二次迦太基與羅馬之戰（西元前 218 ～前 201 年）。西元前 218 年羅馬軍隊進入安普里阿斯。羅馬人試圖把布尼克人（púnicos，此乃羅馬人對北非腓尼基人的稱呼）趕出伊比利半島。漢尼拔則率領一支軍隊花了五個月的時間，由西班牙跨越庇里牛斯山，渡過隆河，越過阿爾卑斯山，當他到達波河平原時已喪失了四分之三的步兵和一半的騎兵，最後只剩下二萬六千位士兵和二十一頭戰象。他前後遇到羅馬軍隊三次，軍隊愈行愈遠，收留的士兵也愈

圖 11：漢尼拔從十三歲起住在西班牙，父親阿米爾卡把仇恨羅馬人的情結灌輸給他，阿米爾卡於西元前 228 年去世後，由其婿繼任軍隊首領。直到西元前 221 年，年僅二十六歲的漢尼拔成為西班牙軍隊首領。圖為漢尼拔通過阿爾卑斯山的情形。繪於羅馬保守派宮殿的羅馬對迦太基戰爭廳的壁畫，由里潘達 (Jacopo Ripanda) 所作。

多。西元前 217 年，漢尼拔越過亞平寧山脈向羅馬進攻。次年，羅馬人慘敗於卡尼 (Cannae)，但因未有足夠攻城所需的物資，使得漢尼拔不敢貿然進攻羅馬城。他在義大利南部逗留了九年之多，後來其弟阿斯圖烏巴在西元前 207 年率領西班牙軍來援助，幾乎到達義大利中部。不久，阿斯圖烏巴被殺，而漢尼拔仍留在加拉普里亞 (Calabria) 五年。

正當漢尼拔在義大利進軍時，羅馬人埃斯西比歐就開始征服西班牙。在西元前 206 年埃斯西比歐征服了新迦太基及打勝許多場戰役後，次年，喀他希內斯人被驅逐出半島。之後，埃斯西比歐建議在非洲本土出擊迦太基，迦太基乃立刻召回漢尼拔。沒多久，在西元前 202 年，他在突尼斯的札瑪 (Zama) 打敗了漢尼拔，羅馬人乃獲得了全面的勝利。最後，迦太基在西元前 146 年被羅馬人夷為平地，成為羅馬在非洲的一個行省。

上述所說的這些民族，如腓尼基人、希臘人和喀他希內斯人，他們幾乎皆活躍於地中海沿岸地帶，並引入新的作物（葡萄和橄欖）、鐵的使用、礦產技術、鹽田的利用、醃製魚工業、陶車、商業貨幣的使用、市區新觀念、書寫形式和文化形式。由於沿海地帶的居民與外界接觸頻繁，其經濟文化的發展也比內陸的當地人還快速。對這些外來的殖民者而言，位在地中海商業地帶的西班牙人只是輸出原料者及輸入工業產品者。西班牙人輸出的有金屬、麥、油、馬、奴隸、士兵，輸入的產品則以珠寶、布、武器為主。

第四章 *Chapter 4*

西班牙邁向羅馬化

西元前 197 年

對每位任命到西班牙的執政官，給予八千名步兵（成員為同盟者或拉丁人）以及四百名騎兵，此舉是為了讓這群士兵加入西班牙的舊部隊，讓他們防守遠省和近省的邊界。

取自羅馬史家李維 (Tito Livio) 的《從建城以來 (*Ab urbe condita*)》XXXII, 28, 11

第一節　羅馬的征服與重整

經過長期的羅馬與迦太基之戰後，羅馬獲得伊比利半島的控制權，除去了漢尼拔在西班牙的勢力。不過，伊比利半島上的原住民也曾反抗過羅馬人的統治。西元前 194 年，羅馬元老卡頓所指揮的軍隊已經滲入厄波羅河谷和內陸高原。很快地，羅馬人也把其勢力擴張到原本居住著伊比利人的安達魯西亞和西班牙的東海岸，並已在西元前 197 年建立兩個省分，即東邊的西班牙近省

（指地中海地帶和厄波羅山谷）和南邊的西班牙遠省（指瓜達幾維流域一帶）。

西元前二世紀中葉，羅馬人和畜牧民族起了衝突，首先發動戰爭的是位在高原南部的盧西塔諾人的首領比里亞托（Viriato，西元前 147 ～前 139 年）。因為貧困迫使他們到處侵略，尋找戰利品。而巴埃蒂加（Baetica，今安達魯西亞地區）豐饒地帶早已被羅馬人征服。西元前 154 ～前 133 年，羅馬人征服了內部戰鬥力強的塞爾特伊比利人和盧西塔諾人，當時的努曼西阿（Numancia，靠近現今的索里亞）是塞爾特伊比利人建造的「城市」，經過一年半的抵抗，六千位努曼西阿人寧願戰死或自殺也不願被羅馬征服者統治，所以當埃斯西比歐·埃米利阿諾率兵進入努曼西阿時已找不到半個活人。努曼西阿，卡斯提亞語意指「勇猛的英雄主義」，它的悲劇乃藉由塞凡提斯的詩流傳下來。

經過兩個世紀的戰爭，最後一場戰役是由奧古斯都皇帝（西元前 27 ～西元後 14 年在位）指揮前進坎退布連山地帶，攻打北部獨立的部落，最後在西元前 19 年伊比利半島完全被奧古斯都的將軍阿格利巴所率領的羅馬軍征服。這場戰役與征服盧西塔諾人的原因一樣，皆因他們為了尋找戰利品，掠奪栽種穀物地帶的杜埃羅河地區所引起的。從此戰役後，塞爾特伊比利人與羅馬人漸漸因通婚混血而產生了「西班牙羅馬人」。

西元前 14 年，因人口增加，奧古斯都皇帝將領土重新規劃，把西班牙遠省分為兩個省分，即南部的巴埃蒂加和西部的盧西塔尼亞（Lusitania，今葡萄牙的大部分地區）；近省則稱為塔拉科內

西斯 (Tarraconensis)。到了戴克里先（284 ～ 305 年在位）時代，也就是 297 年，遼闊的塔拉科內西斯分成三個省分，即塔拉科內西斯、加亞埃西亞 (Gallaecia) 和喀他希內西斯 (Cartaginensis)。之後，在 385 年又增加了位於東部島嶼的巴利阿里加省 (Baleárica)，自此以後，西班牙共分為六個省分。

對於原住民，尤其是坎塔布若斯人和阿斯圖雷斯人，羅馬人不僅強迫他們挖掘礦產，甚至把他們當作奴隸來販賣或強迫他們繳賦稅。所以，在坎退布連山腳下，一些具有戰略地位的地方，羅馬必須派駐軍去看守，例如：阿斯圖利卡．奧古斯塔 (Astúrica Augusta)、雷吉歐 (Legio) 等地。不過，在這種統治方式下，羅馬在伊比利半島共維持了六個世紀之久。

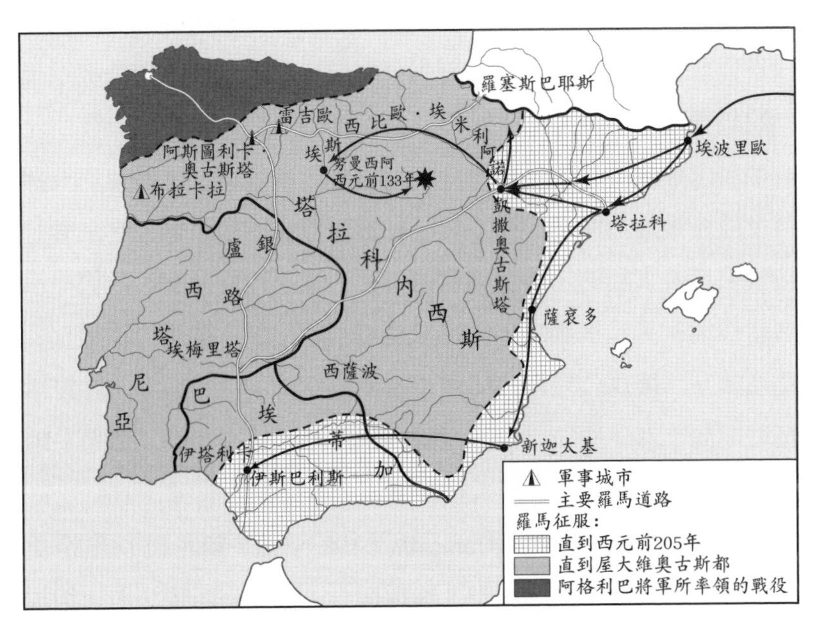

圖 12：奧古斯都的征服和規劃西班牙領土

第二節　羅馬城的建立

西班牙羅馬化的過程可分為兩個階段，第一階段是從西元前三世紀到西元後一世紀的軍事征服時期。這時期在地中海沿岸的羅馬化過程很快速，然而從高原的內部到北部的坎退布連山的居民，其羅馬化的程度則較緩慢。到了西元一世紀，西班牙省分大多已完全羅馬化。另一個階段是西班牙併入羅馬帝國時期，也就是殖民時期，這時的西班牙成為輸出原料（金屬、油、奴隸以及馬匹等等）和輸入昂貴的手工業製品（來自義大利及羅馬帝國東部省分的紡織、金銀手工業）地區。

羅馬軍隊對伊比利半島的羅馬化影響很大，他們建造羅馬道路，聯繫半島上所有的主要城市，戰後這批人留在伊比利半島從事農作或商業活動。很多的羅馬軍隊裡也有原住民，這些被召集為羅馬援助軍的原住民，戰後回到他們的家鄉，也成為影響伊比利半島快速羅馬化的一個媒介。受羅馬影響最大的地區是厄波羅河及瓜達幾維河流域，這些地區是羅馬市民的殖民地，它主要是接收來自義大利的士兵和貧窮的市民，羅馬政府分配給他們一小塊耕作地。另一個羅馬化的媒介是授予原住民「羅馬公民權」。這些擁有「羅馬公民權」的城市就成為當時主要的城市。在軍事征服期間，有一些城市已獲得羅馬公民權。後來新的軍事殖民地或羅馬人移入的地方也相繼獲有羅馬公民權。

212 年，卡拉卡拉（Caracalla，198 ～ 217 年在位）皇帝更是授予所有羅馬帝國的城市「羅馬權」，他允許西班牙城市組成羅馬城，城內有一群 “decuriones”（指的是可以命令十位騎士的官員或居住在市政或殖民地的參議員）來專門徵稅、維持秩序及建造公共建設。就這樣出現類似有街道城市的羅馬軍營，在城內街道橫貫的中心有一廣場，廣場的四周有官方和私人建築物，如會堂、廟宇以及商店等等。

羅馬城相繼建立後，大部分的人口集中在城市，而其行政管理中心也在此。至於之前的腓尼基人、希臘人、喀他希內斯人或西班牙原住民的城市，現在則成為羅馬人的殖民地，並失去了政治自主權。除此之外，羅馬在西班牙也建立其他的城市，這些城市大多是以軍事基地建立起來的，如巴塞隆納，羅馬時期稱「巴爾西諾」(Barcino)；薩拉戈薩 (Zaragoza)，羅馬時期稱「凱撒奧古斯塔」(Caesaraugusta)；梅里達 (Mérida)，羅馬時期稱「埃梅里塔．奧古斯塔」(Emerita Augusta)；萊昂 (León)，羅馬時期稱「雷吉歐」；阿斯托加 (Astorga)，羅馬時期稱「阿斯圖利卡．奧古斯塔」、以及伊塔利卡、布拉卡拉等城市。還有的城市是由原住民的聚落所演變而來的：像塔拉戈納 (Tarragona)，羅馬時期稱「塔拉科」；塞維亞，羅馬時期稱「伊斯巴利斯」(Hispalis)。其中梅里達和塔拉戈納所遺留下來的羅馬城建物各於 1993 年和 2000 年被聯合國教科文組織列入世界文化遺產。大部分的城市屬於小規模，只有一些可達到五萬居民左右。這些城市依賴羅馬，繳重稅給羅馬。在西班牙，羅馬的三大主要中心是梅里達、塔拉戈納及塞維亞。上述所提及的城市約住有六百萬居民，應該超過一世紀時的人口。此外，城市也是宗教、文化和商業中心。

第三節 羅馬文化的移植

隨著軍事征服，羅馬也把文化傳播到殖民地。拉丁文取代了之前的伊比利語和來自印歐民族的塞爾特地方語。不過，拉丁文的傳入是藉由羅馬軍人、商人和官員所引入的通俗拉丁文，而非古典文學的拉丁文。此外，羅馬的社會制度也被西班牙人所接受，家庭則以父系為主。西班牙也接受羅馬的教育、文學和藝術。有名的哲學家塞內加，詩人盧加諾和馬爾希阿，修辭學家金蒂利亞諾皆出生於西班牙。因為西班牙人享有羅馬的公民權，有四位西班牙人後來也成為羅馬皇帝，即圖拉真（98 ～ 117 年在位）、哈德良（117 ～ 138 年在位）、馬可．奧理略（161 ～ 180 年在位）以及狄奧多西大帝（379 ～ 395 年在位）。

西班牙當地的宗教也接納羅馬的宗教，他們的神祇也以羅馬的形式為人所崇拜。從宗教的觀點來看，羅馬人崇拜皇帝偶像，此乃企圖維持帝國的完整性，使國家權力神化。羅馬的神話故事則是依照希臘神話的演進而來，它擴散於西班牙。在同一時期，軍人、官員以及商人也引進來自東方的其他偶像，如埃及女神伊西斯、波斯女神米德拉等等，這些神像崇拜快速地在西班牙境內擴散開來。不過，在帝國時期，原住民的偶像崇拜仍繼續保存下來。

至於基督教隨著被羅馬帝國所承認，也傳入西班牙。依照傳說，一般較接受傳道者聖地亞哥（即耶穌的十二門徒之一的大雅各）的來到西班牙並把基督教傳入的說法。不過，它的可信度並不高。比較可信的解釋是，基督教就像其他東方宗教，是由來自非洲的士兵所引進來的。其他像聖保羅的到達塔拉科內西斯省沿岸（64～68年）和使徒到達巴埃蒂加省的說法，也皆具爭議性。

基督教最早在羅馬化較深的地區，即巴埃蒂加省及塔拉科內西斯省，兩地的下層人民及奴隸之間傳播著。三世紀，西班牙境內已存在很多的基督教團體，且建造了教堂。254年，在梅里達、薩拉戈薩和阿斯托加組成了主教區。到了四世紀初，在伊利貝里斯（Iliberis，現在的格拉那達）首次舉行一個重要的宗教會議。然而，直到313年〈米蘭詔令〉頒布後，才出現了有學識的人物，如歐西奧 (Osio)、普魯登西奧 (Prudencio) 和聖達馬索 (San Dámaso) 等人。從此，西班牙的教會才像羅馬帝國的其他地區，教會的經濟、社會和政治漸達到重要的程度。不過，基督教在西班牙的擴散是在五到八世紀間達到巔峰。

羅馬時期的藝術很明顯是具有實用性，且受希臘、泛希臘時代，尤其是小亞細亞的影響很深。羅馬征服希臘和小亞細亞地區與征服西班牙幾乎是同一時期。羅馬人最主要的建造時期，是在一世紀及二世紀的上半葉，剛好是帝國的極盛期，也是西班牙籍的羅馬皇帝圖拉真和哈德良在位的時期。

談到西班牙的羅馬藝術，我們可分為建築、雕塑和鑲嵌圖案來敘述。在建築方面，羅馬廟宇的柱子及柱子上部的裝飾受到希臘的影響，柱頭融合了愛奧尼亞式及科林斯式所產生出來的混和式。在市政建築方面，羅馬工程師使用拱門和圓屋頂。西班牙羅馬人在其殖民地建造劇場、半圓形劇場和競技場。羅馬的劇場有半圓形的梯形看臺及一個大舞臺，而梅里達的劇場是西班牙境內保存最完善的，它從西元前 18 年開始建造，到 135 年才完工，可容納五千五百人。半圓形劇場或稱角力場，它是角力士互鬥或野獸與人鬥等表演的地方。當然，羅馬帝國統治境內最大的半圓形劇場是義大利的哥羅賽姆。在圖拉真時代也保存橢圓形的競技場，及作海上遊戲表演的十字形坑道。西班牙的塔拉戈納、梅里達和伊塔利卡可找到半圓形大劇場遺跡。西班牙羅馬人也建造水道橋，作取水之用，如塞哥維亞 (Segovia)、梅里達和塔羅加 (Tarroga) 等處的水道橋仍保存得很好。此外，羅馬人還建造了凱

圖 13：梅里達的劇場　羅馬劇場通常建於城內。此劇場的半圓形舞臺位於前方，旁邊是公眾看臺，以及合唱或跳舞等藝術表演的空間。梅里達的羅馬劇場及其他考古出土的羅馬建物於 1993 年被聯合國教科文組織列入世界文化遺產。

旋門、公共澡堂及羅馬橋等公共設施。

這些重要的羅馬時代遺跡，有許多至今仍保存著。除了建築以外，留存在西班牙的雕像和鑲嵌圖案作品也不少。羅馬統治初期由於祖先崇拜的關係，留下一些面部塑像和肖像。到了帝國時期則出現皇帝偶像，且逐漸增加半裸的皇帝雕像，此乃因受到希臘化影響很深，尤其是圖拉真和哈德良時期保留了很多的作品。

圖 14：塞哥維亞的水道橋　此水道橋建於奧古斯都時代，約三百十三公尺長，羅馬人從附近的富恩弗里亞山峰引渠入水道橋。水道橋是專門用來引水到城內作為飲水盥洗等之用或作灌溉用，最上層有輸水管道，下面則有兩排半圓形的連拱門來連接。此遺址是目前保存較完整的羅馬時代的水道橋。不過，由於每天從橋下通過的汽車所排出的廢氣，已漸漸地損壞到建築物。塞哥維亞的水道橋和舊城於 1985 年被聯合國教科文組織列入世界文化遺產。

在一些小鄉鎮，其地方作品可以看出有強烈的寫實主義和技術拙劣。不過，鑲嵌圖案的技術則較純熟，主要是裝飾於鄉鎮的公共建築物上。

第四節　源源不斷的產品運羅馬

> 根據一些人的看法，阿斯圖里亞斯、加亞埃西亞和盧西塔尼亞每年出產 20000 磅的黃金，其中阿斯圖里亞斯的產量是最豐富的。在這麼多個世紀裡，沒有其他的地方能夠與之相提並論。幾乎在羅馬的所有省分都找得到銀礦，但是西班牙的銀是最純美的。銀礦和金礦一樣，在貧瘠的地區，甚至山區都可以挖掘到……。這是令人慶幸的事，在西班牙由漢尼拔所開採的礦坑，到現在還在開採，而且這些礦坑還持續採用當初發現者的名字。巴埃貝洛 (Baebelo) 是其中的一個礦區，每天供應漢尼拔 300 磅。這山區已挖掘了 1500 礦坑。
>
> 取自大蒲林尼的《自然史》(*Historia natural*)

羅馬和羅馬殖民地的社會經濟活動範圍以城市為主，城市是產品的集散地，它與鄰近地區有商業和行政的關係。西班牙是羅馬帝國最主要的開採地，它主要的經濟來源是農產品和畜牧產品，但基本的財源則來自農業和礦業。農業以穀物、葡萄和橄欖為主，尤其是葡萄和橄欖，在羅馬和高盧市場其品質很受歡迎。

畜牧則以馬、牛和綿羊為主。羅馬人把新的栽作技術引進到西班牙以改進產品，如三年一次的休耕制、肥料的使用，以及新近與多樣的工具：犁、有輪子的脫粒農具和鐵鍬等等。此外，東部平原也可能存有羅馬人所建立的灌溉制度。

然而，最吸引羅馬人注意的還是西班牙的礦產，它是羅馬帝國省分中一個擁有重要礦產的地方。羅馬人在已知的地區和新發現的地區開採礦產，像西北部阿斯圖里亞斯的金礦、莫雷諾山脈的銀礦、西薩波省（Sisapo，位於現今雷亞爾城）的阿爾馬德的水銀、韋爾瓦的銅礦和喀他赫納的鉛。在羅馬帝國市場，除了油以外，金屬也是為人所知，尤其是銀，它是運到羅馬最重要的開採金屬。

此外，隨著軍事征服，很多的土地和礦產成為國家所有。羅馬政府保有大部分的土地，並將這些土地和礦產出租或分配出去。鄉村則成為小地主或參議院貴族所有，並漸漸地形成大莊園制度。西班牙的礦產一般是出租給收稅商行 (compañías de publicani) 或直接由皇帝透過代理人來開採。收稅商行類似資本家組織，羅馬政府因本身無法去管理，而把一些開採權出租給這些商行。

漁業則持續殖民前的形式，而羅馬廚房內的重要物品「加魯」（garum，即魚內臟的醬汁），更是為人所喜愛。這種殖民經濟是從征服西班牙開始到三世紀為止，它的極盛期剛好是羅馬帝國的上半期。為了運輸橄欖、醃製魚、加魯醬汁和茅草到羅馬，以及供應城市和鄉村消費，在城裡便發展出小型工業。這些商業產品是經由四條主要的道路運到各地：1. 奧古斯都大道路，此道路環繞著整個地中海沿岸，從埃波里歐到新迦太基；2. 從羅塞斯巴耶斯 (Roncesvalles) 到阿斯圖利卡．奧古斯塔的道路；3. 銀路，從阿斯圖利卡 (Astúrica) 到埃梅里塔 (Emérita)；4. 橫穿道路，聯繫盧西塔尼亞、巴埃蒂加以及地中海沿岸。大概有長約一萬六千公里的羅馬道路網聯繫西班牙各城市。此外，它有三大交通往來繁盛的港口——塔拉科、新迦太基和加地爾。

城市的「資本家」掌握西班牙的工商業，他們組成手工匠和船主團體。「資本家」和參議院貴族成為寡頭階層，統治城市，面對多數的自由民、小手工匠和農民。大部分的財富掌握在私人手中。不過，在一些羅馬化程度較淺的地區，還是持續著之前的氏族共有制的社會經濟。

羅馬以奴隸為主的經濟系統和錢幣的使用在西班牙也非常地普遍。貨幣方面，因為十進位銀幣的引入而使得貨幣統一。在軍事征服時期，西班牙城市所鑄造的錢幣是仿造羅馬錢幣，然而從一世紀開始，之前希臘、喀他希內斯以及伊比利這些地方性的錢幣的流通已經消失，皇帝成為唯一有權鑄造錢幣的人。

至於手工業方面，奴隸是最主要的原動力，他們大多來自戰爭的俘虜。埃米利亞．保羅執政在西元前 189 年的戰役之後，販賣了二萬名俘虜為奴，直到一世紀後，羅馬的擴張戰爭更增加了奴隸的人數。奴隸在城市、鄉下、礦地和有錢人家中從事粗重的工作。不過，對羅馬的統治者而言，奴隸也製造了一些問題。在一些羅馬的次要城市，有駐軍監視他們，且勸告大地主在遠離城市之外，不要聚集太多的奴隸，以免發生叛亂。

第五節　帝國晚期的危機

羅馬帝國從三世紀開始遭受社會經濟危機。在西班牙，尤其是西部，對於羅馬的奴隸制經濟起了很大的轉變，並漸漸失去其重要性。也許早期因為需要大量的人工而增加了奴隸的數目，但在羅馬和平時期，來自戰爭的俘虜人數大減，而對奴隸的需求卻與日俱增。不過，由於奴隸的危險性很高，大地主並不想要這類型的奴隸，反而較喜歡用佃農。這些大地主把他們的土地出租，自由農以個人自由和生存來交換大地主的保護，也就是說，自由農和地主間有某種依賴關係或農奴關係。隨著時間的演變，農奴制漸漸擴張，打破了城市和農村之間的關係。這種大莊園制使得農村可以自給自足，不需要依賴城市的工業產品。這種情形日漸反映出奴隸制度中奴隸的製造與增加的困難。

從三世紀起，羅馬城為了抵抗帝國邊境「野蠻」民族的入侵，紛紛建築堡壘，城市被城牆包圍著。羅馬軍隊除了圍堵萊茵河邊界外，幾乎無法抵擋日耳曼民族的攻擊。法蘭克人在 262 年首次入侵，其他的日耳曼民族也進入到直布羅陀。埃波里歐和塔拉科兩地遭受破壞。許多人從城市逃到農村，使得城市面臨相當大的危機和商業衰退。而早在 257 年，已經沒有有關於西班牙的油運到羅馬的文獻記載。

當時的羅馬皇帝為了應付軍需和日漸增加的官僚人員而變成

大地主。帝國晚期的主要經濟活動集中在鄉鎮，城市漸漸變得貧窮，人口稀少。現金的不足對羅馬帝國來說是一大問題，最後羅馬皇帝用少數的銀來鑄造錢幣以解決問題，但卻產生了貨幣貶值和通貨膨脹的現象。商業因而失去其重要性，回歸到原始的以物易物的現象。

這種情形到了四世紀更為嚴重，雖然戴克里先皇帝和君士坦丁皇帝（306 ～ 337 年在位）創造了「索利圖斯」(solidus) 金幣，建立了錢幣的上限價值，以杜絕貨幣價值的上升，但此政策卻沒有得到效果。面對擁有大片土地的皇帝、教會以及一些大地主，許多小有田產的人破產，成為農奴。而住在城市的居民則面臨增稅的命運，這稅收制度很快地達到令人無法承受的地步，還強迫年輕人必須維持其父的職位或職業，很多人因而逃到鄉下，以免除責任。到了五世紀，日耳曼民族進入西班牙後，這種危機仍持續著，而且更突顯出農村的重要性。這長期的轉變，包括了三～五世紀的羅馬帝國晚期和五～八世紀西班牙的西哥德王國，而從九世紀起更演變成歐洲的封建制度。

第五章 | *Chapter 5*

從西哥德到伊斯蘭統治的結束：衝突與共存

西班牙的中古上半期，即五～八世紀初，是由西哥德人所建立的王國，之後從八世紀到十五世紀末，伊比利半島上存在兩股不同的政治勢力，也就是南部的伊斯蘭王國和北部基督教各王國。由於伊斯蘭王國的勢力漸漸式微，使得北部基督教各王國開始推動「收復領土運動」。基本上，在這中古下半期半島上有兩個主要不同的群體：伊斯蘭團體和基督教團體。西班牙的伊斯蘭統治區，在當時也稱「阿安達魯斯」(Al-Andalus)，它源自阿拉伯文，意指「西方之地」，即現在南部「安達魯西亞」地名的起源。這兩個群體之間的關係可以用一句西班牙諺語來形容：「相處有如摩爾人（指穆斯林）和基督徒」，即彼此之間相處有如貓和狗，水火不容的意思。這源自中古時代的諺語也許過於誇張，從政治史的角度來看，雙方是在彼此的衝突中度過，這種情形一直持續到 1492 年基督教獲得最後的勝利為止。當然，在這長達一千年的中古時代裡除了基督徒和穆斯林外，一起在衝突與共存下度過的還有猶太人。當時的伊比利半島在不同民族的統治下，曾經出現燦爛輝煌的文化，它也是當時東西方文化的匯合處。

第一節　政權更迭的西哥德王國

> ……埃希加 (Egica)，在宣布他的王位繼承人是他的兒子威蒂薩 (Witiza) 之後，他們父子兩人繼續治理哥德人。威蒂薩繼承他父親的王位，在位的十五年間雖然傲慢卻很寬宏大量。的確，他不僅寬恕他父親在位時被判有罪而被放逐的人，而且讓返鄉者重新成為臣民。對曾經遭受埃希加束縛壓迫的人，威蒂薩歸還他們原有的一切，以慷慨的禮物補償他們。
>
> 取自《莫薩拉貝本紀》(*Crónica Mozárabe*), 44

409 年日耳曼民族從庇里牛斯山入侵伊比利半島。從這時期到 711 年穆斯林進入之前，這三個世紀的歷史，由於留下來的文獻並不多，比較難完整地重建當時的情形。這時期象徵著西班牙的歷史從古代進入中古時代，並建立一個政治統一的王國，即西班牙的西哥德王國。

五世紀初，只有塔拉科內西斯還在羅馬帝國的統治之下，西班牙的其他地區則遭受日耳曼民族——蘇匯柏人 (suevos)、汪達爾人 (vándalos)、亞蘭諾人 (alanos)——的入侵。羅馬為了對付上述的日耳曼民族，乃與西哥德人簽訂條約來驅逐他們。很快地，在 416 年西哥德人進入伊比利半島，驅逐汪達爾人和亞蘭諾人，汪達爾人於是湧向非洲，在北非建立汪達爾王國。戰後，西哥德人離開伊比利半島，盤據在高盧，以托洛薩（現今法國的圖魯斯）為首都。而蘇匯柏人則繼續停駐在西班牙的西北部，尋找時機來擴大其勢力範圍。這同時，塔拉科內西斯遭受巴高達人（bagaudas，無經濟能力的農民，以搶劫為生）的掠奪。最後，西哥德人在 456 年結束了這種混亂的局面，並漸漸地把他們的影響力伸展到半島上，加上法蘭克人在 507 年的波伊雷 (Vouillé) 打敗西哥德人後，西哥德人乃決定遷移到西班牙。西哥德王國在西班牙維持了兩個世紀，除了很短暫的期間外，從沒有完全統治過整個半島。

六世紀時，西哥德王國只統治內陸高原和東海岸，最初以巴塞隆納為首都，之後遷都托雷多。西北部和葡萄牙仍被蘇匯柏人所占領，北部的居民則擁有獨立權。此外，拜占庭帝國的勢力擴張到安達魯西亞的大部分地區幾乎長達一個世紀（554 ～ 626 年）之久。

到了六世紀的後期，有一些西哥德國王試圖組織領土，融合居住在半島上的各民族。當時主要的推動者是萊歐比希多國王（Leovigildo，568 ～ 586 年在位），他征服了蘇匯柏人、拜占庭人和北部的居民，卻沒有獲得宗教的統一。萊歐比希多為了解決王位繼承的問題，乃於 573 年與企圖殺害他的兩個兒子共同執政。他派遣其中的一個兒子埃梅內希爾多 (Hermenegildo) 為巴埃蒂加的統治者，並派他指揮大軍去平亂被拜占庭人占據的巴埃蒂加。埃梅內希爾多和他的妻子茵古迪斯（法蘭克公主，是位虔誠的天主教徒）把首區設在塞維亞。受到茵古迪斯和塞維亞大主教萊安德羅的影響，埃梅內希爾多成為天主教徒，受洗並採用「璜」(Juan) 這個名字。

沒多久，埃梅內希爾多宣布獨立，並請求拜占庭人的幫助，使得他們父子之間產生嚴重衝突。而蘇匯柏人早在六世紀已改信天主教，他們結合起來幫助埃梅內希爾多。582 年，其父萊歐比希多占領巴埃蒂加，包圍塞維亞，埃梅內希爾多被俘虜，被送到塔拉戈納。在 585 年，根據都爾主教格列哥里的看法，他父親派人暗殺他。萊歐比希多的另一個兒子雷卡雷多（Recaredo，586 ～ 601 年在位），在 586 年繼承王位，與法蘭克國王奇德貝爾托 (Chideberto) 的女兒芭多結婚。雷卡雷多也在 587 年塞維亞大主教萊安德羅的影響下，改信天主教。兩年後，他召開第三次托雷多宗教會議，正式宣布天主教為國教。雷卡雷多之前的西哥德信仰是所謂的「異教信仰」，他們是亞略奧 (Arrio) 的信徒，而西班牙羅馬人則是基督徒。亞略奧是希臘哲學家、異教的祖師。他是亞歷山大的祭司，宣揚亞略奧派的信條，根據其信條，耶穌基督不等於天父，他們是不同質的。在 325 年的尼塞亞宗教會議，亞略奧信仰被判為異教，此信仰原本是西哥德人的國教，它一直維持到雷卡雷多國王改信天主教為止。從此以後，教會對社會有很大的影響力。

雷卡雷多死後的繼承者開始內訌。他的兒子利烏巴二世（Liuva II，601 ～ 603 年在位），在位一年半就被比特里科 (Viterico)

所取代。比特里科攻擊西班牙境內的拜占庭人，他統治七年後被暗殺。之後，曾是法國那波內的統治者古德馬羅（Gundemaro，610～612年在位）宣布為王。塞維亞的伊西多羅 (Isidoro) 曾言：「那波內成為許多流亡者和受比特里科迫害的人的避難所。」古德馬羅下令建造許多教堂、書寫宗教詩詞，甚至試圖讓義大利國王阿達烏達爾多 (Adauldaldo) 改信天主教。古德馬羅被視為是仁慈的君主，連伊西多羅也曾稱讚他說過的話：「攻打拜占庭人，又為何在我的領土大肆屠殺？」

612年西塞布托（Sisebuto，612～621年在位）繼位，他不僅禁止猶太人擁有基督教奴隸，也禁止猶太人和基督徒通婚。伊西多羅批評他此種作為，伊氏並認為強迫人改信宗教並不是一種好的方式。不過，在西哥德國王當中，比較著名的國王蘇伊蒂拉（Suintila，621～631年在位），他不僅把拜占庭人驅逐出西班牙，也是第一位統治整個伊比利半島的西哥德國王。

事實上，我們從西哥德的歷史來看，可以知道其君主政體一直是很脆弱的，主要是因為王朝內部的爭鬥不斷。在統治西班牙的三十二位西哥德國王當中，有十位因爭奪王位而被暗殺。單單在531～555年之間，就有五位相繼繼位的國王被暗殺。都爾主教格列哥里認為西哥德人已經接受背後暗殺國王的仇恨習慣，以及「勝者為王」的觀念。此外，加上外來的力量——指拜占庭人、蘇匯柏人、法蘭克人——的介入這些爭鬥中，幫助「叛亂者」，使得局勢更加混亂。王國的最後幾年常常發生內戰，君權式微，無法控制貴族的變動，使得各個省分的公爵在其地大肆擴張。

當威蒂薩國王於 710 年去世後，貴族們立刻分成兩派，一派支持威蒂薩家族，另一派則追隨羅德里戈 (Rodrigo)。結果羅德里戈被選為國王，威蒂薩的兒子們乃請求北非穆斯林的幫助。穆斯林在瓜達萊特 (Guadalete) 戰役打敗了羅德里戈。北非穆斯林乃順勢前進北方，征服首都托雷多，在 711 年結束了西哥德王國。關於這最後一位西哥德國王，有一段淒美的愛情故事。根據一些古老本紀，有位美麗的姑娘弗洛琳達在塔何河岸沐浴時，羅德里戈國王從托雷多宮殿的窗戶看見了她，並在宴會中愛戀上她，卻沒有得到女方父親的許可。這位姑娘的父親是胡利安伯爵，也是北非塞屋達的統治者。他誓言報復，打開西班牙的門戶，讓摩爾人進入。

第二節　由盛轉衰的伊斯蘭王國

對穆斯林而言，征服西班牙只是伊斯蘭擴張的一個階段。伊斯蘭擴張起於 624 年，當時穆罕默德率領三千人襲擊千餘人的麥加商隊，且獲得勝利。640 年，穆斯林占領埃及，之後，征服摩洛哥。對他們而言，伊比利半島似乎成為下一個繼續擴張且吸引人的目標。而威蒂薩家族的請求援助，更提供了入侵的序幕。

當時北非的統治者——穆薩 (Muza)，派遣他的將軍塔里克 (Tarik)，率領七千名士兵，其中大部分是柏柏爾人，從塞屋達到西班牙的塔里法（Tarifa，以 Tarik 之名命名而來），在瓜達萊特戰役，打敗了西哥德人。穆薩本身則帶領一萬八千名士兵做第二次遠征，其中大多是阿拉伯人。他占領塞維亞和梅里達，在托雷多與塔里克會合，征服薩拉戈薩、索里亞、萊昂、阿斯托加。之後，穆薩被召回大馬士革。

穆薩的兒子阿德—阿爾—阿西斯．穆薩 (Abd-al-Aziz Muza)，在 714 年的塞維亞設立統治區，建立第一個行政機構。在 714 ～ 716 年間，穆斯林繼續征討潘普洛納、塔拉戈納、巴塞隆納、赫羅納和法國的那波內以及安達魯西亞東部的城市：馬拉加、格拉那達、哈恩。這時很多的西哥德貴族逃亡到那波內和北部的山區。五年後，除了坎退布連山地帶的居民仍持續抗爭外（事實上，他們也從未完全被西哥德人所征服），整個伊比利半島幾乎被穆

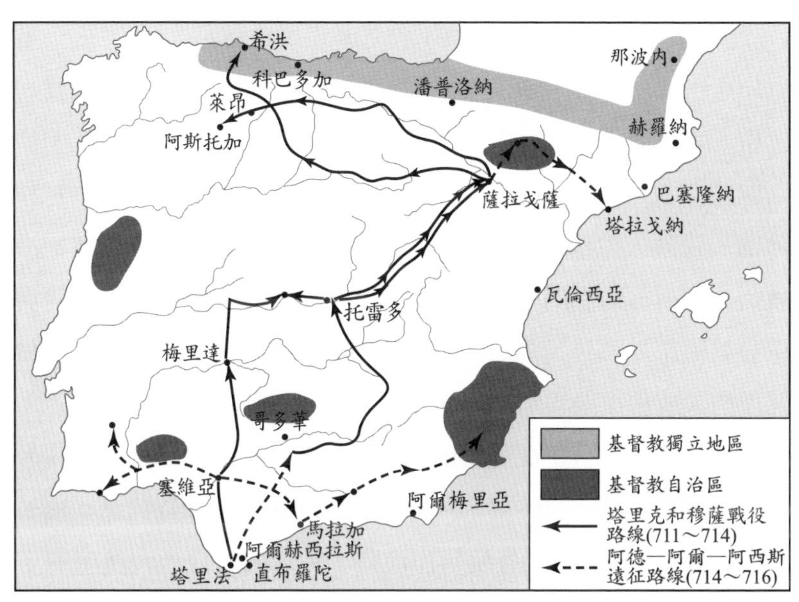

圖 15：八世紀初穆斯林征服西班牙圖

斯林所控制。這快速的入侵行為，可以說明西哥德王國的組織鬆散和當地居民缺乏抵抗能力。穆斯林的往北擴張，受挫於坎退布連山地帶居民的抵抗，並在 732 年由阿德．阿爾—拉馬 (Abd al-Rahman) 所帶領的穆斯林前進到洛伊拉 (Loira) 時，卻在波迪爾 (Poitiers) 被梅洛林王朝的「鐵鎚」查理打敗，終止穆斯林繼續 前進，使得其占領高盧的夢想破滅。

沒多久，在 750 年，大馬士革的奧米雅 (Omeya) 被廢黜。奧米雅王子阿德．阿爾—拉馬在 755 年逃到西班牙，並獲得權力，重組阿安達魯斯，在西班牙組成一個如同獨立的新巴格達哈里發的「省分」，自立為埃米爾（Emir，意指阿拉伯首領），以哥多華為首都。這個獨立的省分一直延續到 912 年。

阿德．阿爾—拉馬一世死於 788 年，由他的兒子伊杉一世（Hisham I，788 ～ 796 年在位）繼位。伊杉一世每年夏天發動聖戰，攻打北部的基督教王國，為哥多華帶來豐富的戰利品。伊斯蘭的擴張到了阿爾—阿坎（Al-Hakam，796 ～ 822 年在位）和阿德．阿爾—拉馬二世（822 ～ 852 年在位）時代仍持續著。沒多久，穆斯林內部開始出現困境，除了攻打基督徒，阿爾—阿坎還必須壓制在薩拉戈薩、托雷多和梅里達邊境地區的柏柏爾人和阿拉伯人或穆拉迪埃斯人（muladíes，指改信伊斯蘭的西班牙人）所發起的暴動。這些征服者因為缺少組織，而分裂成幾個不同大小的民族和彼此仇恨的部落。阿拉伯貴族鄙視占多數的北非柏柏爾人（約二十萬人）。分配耕作地時，柏柏爾人分到較貧瘠的土地，造成柏柏爾人的叛變，阿拉伯人乃從大馬士革派遣敘利亞救兵來援助。

在這一個半世紀的統治，阿德．阿爾—拉馬的繼承者面臨不同的問題。以其半島內部而言，北部的基督教團體發展出王國，從坎退布連山和庇里牛斯山開始向南部擴張。查理曼統治的法蘭克人也侵入了伊斯蘭領土（778 年）。不過，比較嚴重的內部問題是阿安達魯斯居民之間不同種族和宗教的衝突與不和。九世紀末，阿安達魯斯的領土分裂成一些各自獨立的「領主區」，而埃米爾本身幾乎連首都哥多華都無法控制。

到了 912 年，新的埃米爾阿德．阿爾—拉馬三世（912 ～ 961 年在位）結束了這種混亂的局面，指揮大軍遠征北部的基督教王國，打斷了阿安達魯斯與巴格達之間的宗教聯繫。他在 929 年採用「哈里發」(califa) 稱號或自稱「信徒們的君主」。而阿德．阿爾—拉馬三世在位時，是阿安達魯斯極盛時期。他在 936 年，距離哥多華八公里之地，建造哈里發住所——梅迪納．阿薩拉宮殿。他留給他的繼承者，阿爾—阿坎二世（961 ～ 976 年在位）一個和平、繁榮的王國。阿爾—阿坎二世繼位後，開始從事文化工作，在宮廷裡有一群智者和博學的人，而首都哥多華則成為西方城市最有文化氣息之地。他的外交很活躍，是常勝軍，他也確保了商業路線，並增加財富，甚至連北部基督教王國——那瓦拉、萊昂、卡斯提亞——也常常請求哥多華哈里發的幫助，有時哈里發也會作調停人來解決他們內部的不和。

然而，976 年阿爾—馬蘇（Al-Mansur，或稱 Almanzor）的崛起和獨裁象徵著繁榮的結束和哈里發危機的開始。阿爾—馬蘇

圖 16：建於十世紀的梅迪納．阿薩拉宮殿的考古遺址　此王室住所可容納二萬人，除了王室成員，還包括宮廷侍從、官員、奴僕和君主的私人侍衛。此遺址於 2018 年被聯合國教科文組織列入世界文化遺產。

原是伊杉二世（阿爾—阿坎二世的兒子）的首長，他利用國王年幼，實行軍事改革，藉由柏柏爾雇傭軍和原先的奴隸為自己建立強大的軍隊以及奪權，並完成攻打基督教王國的許多遠征戰役。他死後沒多久，哥多華政權開始步入危機，以增稅來支付軍隊，面臨財政壓力、社會和軍紀混亂。不到三十年內，導致哈里發政權的滅亡。

在哈里發時期的行政體系比較複雜，「比西爾」(visir) 的任務是監督其他的行政人員，並直接受到哈里發的控制。這時期的領土共區分為二十一個省分，各由一位「瓦利」(wali) 所統治。

伊杉二世死後，哥多華的貴族亞瓦爾在 1031 年驅逐了最後一位哈里發伊杉三世，各省紛紛成為獨立王國，稱為「塔伊發斯王國」(Taifas)。它苟延殘存直到 1492 年，格拉那達的納薩里 (Nazarí) 王國被攻陷為止。北部的基督教王國利用這種混亂的局面來攻打穆斯林。以歷史分期的方式，我們可以把塔伊發斯王國分為四個不同時期。

第一個「塔伊發斯王國」成立於十一世紀期間，這些伊斯蘭王國失去勢力，為了保有獨立，必須團結起來抵抗外力。當時較重要的王國有托雷多、巴達和斯、薩拉戈薩、塞維亞和格拉那達。基督教王國也加入其爭戰中，並強迫穆斯林繳納所謂的「巴里阿斯」(parias) 賦稅。

由於基督徒的不斷推進，終於在 1085 年收復了托雷多。塞維亞國王乃決定請求摩洛哥柏柏爾族中的阿莫拉比德人 (almorávides) 的援助。阿莫拉比德人阻止了基督徒的前進，統一了阿安達魯斯，組成第二個「塔伊發斯王國」。這時的阿安達魯斯就如同是摩洛哥的一個省分。這個在 1145 年出現的新「塔伊發斯王國」，也有著之前同樣的問題，其政治聯合的情勢維持不久，加上經濟困難、社會衝突、追捕猶太人和基督徒而造成了暴動。

後來，另一支阿拉伯民族阿莫阿德人 (almohades) 取代了他的敵人——北非的阿莫拉比德人——在 1170 年入侵伊比利半島，重建阿安達魯斯，稱第三個「塔伊發斯王國」，它依賴摩洛哥生存。阿莫阿德人阻止了基督教王國的擴張，在 1195 年戰勝了卡斯提亞國王阿拉爾科斯 (Alarcos)。阿莫阿德政府提倡商業，塞維亞在這時成為西方伊斯蘭世界的首都。但因阿莫阿德人實行宗教迫害而無法獲得大眾的支持，致使基督教王國——那瓦拉、亞拉岡、卡斯提亞——聯合起來反抗，並在 1212 年的納瓦斯．托洛薩 (Navas de Tolosa) 戰役獲得決定性的勝利。這次勝利開啟了基督徒在瓜達幾維河地區的勢力，並加速阿莫阿德人的滅亡。

1224 年阿安達魯斯第三次分裂成獨立的「塔伊發斯王國」，無力抵抗基督徒的前進。而卡斯提亞王國和亞拉岡王國的「光復大業」運動，使得西班牙穆斯林的勢力只局限在這個新的「塔伊發斯王國」，也就是格拉那達的納薩里王國。納薩里王國是由穆罕默德．尤蘇夫 (Muhammad b. Yusuf) 所創建。當時的納薩里國王就如同是卡斯提亞的臣民，尋求其保護。這個王國國勢衰弱，苟延殘存了二個世紀半。雖然納薩里王國的政治衰微，但實際上，它的經濟和文化占有重要地位，全國領土共分為二十四個行政區。

最後一位埃米爾是柏阿迪爾 (Boabdil)，他在 1482 年自立為王，藉由格拉那達最有權勢的阿貝塞拉赫斯 (Abencerrajes) 家族所設計的陰謀圈套來對付他的父親穆萊伊．阿塞。天主教二王伊莎貝爾和費南度介入這場衝突，他們以臣服卡斯提亞—亞拉岡王國為交換條件來幫助柏阿迪爾。在這段期間北非馬格雷 (Magreb) 的法提瑪 (Fatimíes) 王朝對於這些逃亡的穆斯林只給予有限的幫助。最後一位逃亡者是柏阿迪爾本人，他在 1492 年 8 月與基督教王國簽訂條約後，就開始流亡，同時也結束了穆斯林將近八百年的統治。

第三節　基督教徒的反敗為勝

一般而論，平地居民看起來應該比山區居民還文明。事實上，這種觀念未必完全正確。我們從伊斯蘭入侵時期，許多西班牙人移往山區居住，建蓋城堡、教堂、修道院，山區成為重要的政經中心，並發展出自己的文化，可以得知山區文化在某些時期並不一定比平地落後，有時甚至會超過平地文化。當 711 年穆斯林入侵伊比利半島，很多的西班牙西哥德貴族逃到北部的山區避難。而北部第一個基督教王國可以追溯到 718 年的西哥德貴族佩拉約在科巴多加 (Covadonga) 打敗伊斯蘭軍隊後，自立為阿斯圖里亞斯的第一位國王。

一、阿斯圖里亞斯—萊昂王國

不過，歷史上真正有記載的第一位北方基督教國王是阿爾豐索一世（739 ～ 757 年在位），他加冕於 739 年，是阿斯圖里亞斯王國的真正開創者。阿爾豐索一世驅逐西北加利西亞和萊昂的摩爾人。之後，弗魯埃拉一世（Fruela I，757 ～ 768 年在位）利用穆拉迪埃斯人造反時，往南部推進。他把首都遷到奧維多，加上當時盛傳發現聖地亞哥傳道士的遺體，而使得整個王國聲名大噪，西北部加利西亞的聖地亞哥因而成為基督教第二個朝聖地。到了阿爾豐索二世（791 ～ 842 年在位），他攻打伊斯蘭軍隊，占領里斯本，之後里斯本再度淪陷。此外，他和法蘭克國王查理曼結盟。拉米羅一世（Ramiro I，842 ～ 850 年在位）在位時，發動著名的克拉比何 (Clavijo) 戰役，打贏了穆斯林，收復里歐哈土地。而他兒子奧爾多紐一世（Ordoño I，850 ～ 866 年在位）從事移民運動，干涉邊境伊斯蘭事務。當時移到被光復的伊斯蘭統治地區的是自由民，而非貴族或修道院人士。這些人是個別移入，並占領土地加以開發。到了 866 年，阿爾豐索三世（866 ～ 910 年在位）登基，擴大其版圖到達杜埃羅河谷，把首都從阿斯圖里亞斯地區遷到萊昂。

二、卡斯提亞—萊昂王國

卡斯提亞，它原是萊昂的古伯爵地，十世紀中葉因為岡薩雷斯（F. González，930 ～ 970 年在位）公爵利用萊昂君主式微時，結合卡斯提亞境內的所有伯爵地，宣布獨立，與萊昂王國分離。萊昂王國從阿爾豐索三世死於 910 年後，就出現一連串的內戰。沒多久，卡斯提亞被外號「大人」的那瓦拉國王桑喬三世（Sancho III el Mayor，1004 ～ 1035 年在位）所占領。1035 年桑喬三世的兒子費南度一世成為卡斯提亞的國王，他於 1037 年打敗最後一位那瓦拉國王貝爾穆多三世 (Bermudo III)，而成為這兩王國的國王。費南度一世在 1065 年去世，把王國分封給他的兒子們，而開啟了一連串的衝突。到了費南度一世的兒子——阿爾豐索六世——在位時，又重新結合這兩個王國，繼續攻打穆斯林，且在 1085 年收復了托雷多。之後，將近七十年這兩個王國又再度分離，直到 1230 年費南度三世又讓這兩個王國真正地結合，把力量集中在征服穆斯林身上，占領哥多華、塞維亞、木爾西亞、哈恩。而且與格拉那達的納薩里國王訂定和平條約，納薩里國王為了保有其地位，必須繳納賦稅給基督教國王。

伊斯蘭統治下的西班牙，後來從未成為統一的國家。最後，北方的基督教國王們開始實行「收復領土大業」，尤其是在十三世紀，不斷地往南方推進。在這一段「收復領土大業」期間，有位傳奇性人物「埃西得」(El Cid)，十二世紀有以他為題材的史詩，其真名為羅德里戈．迪亞斯 (Rodrigo Díaz de Bivar)。「埃西得」

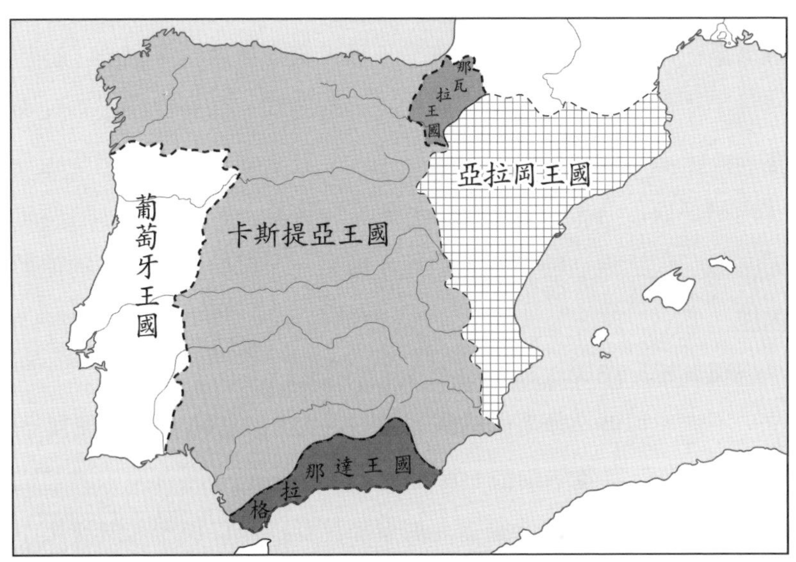

圖 17：十三世紀末伊比利半島各王國分布圖　在中古後期，由於基督徒的「收復領土運動」，使得北部的基督教王國的版圖不斷往南擴充。由此圖可看出當時穆斯林的勢力僅局限在南部的格拉那達，而領導基督徒往南推進的卡斯提亞王國領土快速擴大。這時伊比利半島上可分為北部的亞拉岡王國、那瓦拉王國、卡斯提亞王國，西部的葡萄牙王國以及伊斯蘭統治的格拉那達王國。

是穆斯林為他取的名字，意指「老爺」，他是卡斯提亞—萊昂國王阿爾豐索六世的武士陪臣。他剛開始為其主人攻打穆斯林，後轉而效忠伊斯蘭君主。到了晚年，他以獨立軍閥東征西討，從摩爾人手裡奪回瓦倫西亞，占領該地直到逝世。

三、東部的加泰隆尼亞—亞拉岡王國

從波迪爾戰役後，法蘭克人就試圖控制庇里牛斯山地帶。778 年查理曼派遣一支遠征軍攻打潘普洛納的巴斯克人，但卻在羅塞斯巴耶斯被巴斯克人打敗。不過，東部地帶的人民為了從穆斯林手中解放出來，乃尋求法蘭克人的聯盟。法蘭克國王查理曼在 800 年加冕為神聖羅馬帝國皇帝，並在東北的加泰隆尼亞組成「西班牙區」，致使在政治地理上成為其領土的一部分。這西班牙區除了包括現在的加泰隆尼亞，還有一小部分法國南部的伯爵領地。

在九世紀期間，加泰隆尼亞的伯爵們，以父死子繼的方式傳位。不過，綽號「多毛」的威弗雷多（Wifredo el Velloso，878 ～ 898 年成為巴塞隆納伯爵）卻把權力集中在他一個人手中，並從法蘭克人手中獲得政治獨立。加泰隆尼亞的人口稠密，財產集中在伯爵、教士階級和修院的手中，並發展出嚴格的封建組織。

九世紀初，也出現亞拉岡伯爵地，法蘭克人在此地建造許多的修道院，它的中心位於聖若望．佩尼亞修道院。加泰隆尼亞後來獨立，十二世紀時，巴塞隆納伯爵貝倫格爾四世 (R. Berenguer IV) 與亞拉岡拉米羅二世的女兒佩特羅妮拉結婚，沒多久拉米羅二世讓位給他的女婿，並在 1137 年結合加泰隆尼亞和亞拉岡兩地。到了 1213 年，加泰隆尼亞和亞拉岡國王，「征服者」海梅一世 (Jaime I) 往南部擴張，征服了瓦倫西亞、木爾西亞以及巴利阿里群島的伊斯蘭王國。之後，在 1244 年的〈阿爾米斯拉 (Almizra) 條約〉確立了亞拉岡和卡斯提亞王國的國界，使得木爾西亞成為卡斯提亞領土的一部分，並繼續往南部推進。

四、那瓦拉王國

在八世紀，北部潘普洛納的巴斯克人，從羅塞斯巴耶斯戰役後就保有獨立。不過，後來也受到法蘭克人的控制。十世紀初又獲得獨立，其國王採用那瓦拉國王的名號，把土地擴張到厄波羅河的上游。桑喬一世（905 ～ 925 年在位）占領了里歐哈，聯合亞拉岡伯爵。後來，在國王桑喬三世的統治下，他利用阿爾—馬蘇死後，哥多華的哈里發勢力衰弱而往外擴張，使得那瓦拉成為極強勢的王國。

桑喬三世死後，那瓦拉脫離了卡斯提亞的統治。然而，在 1076 年卡斯提亞和亞拉岡聯合瓜分了那瓦拉領土。到了 1134 年，那瓦拉君主再次重建其王國，但領土比原來減少許多，只以厄波羅河和庇里牛斯山為界。1200 年則完全失去了巴斯克地區（它已成為卡斯提亞的領土）。由於那瓦拉有一部分領土位於現在的法國境內，到了十六世紀，因為法王路易十二和天主教亞拉岡的費南度國王之間的衝突，使得費南度在 1512 年占領了位於西班牙領地的那瓦拉土地，而那瓦拉就變成一個分裂的王國。

五、葡萄牙王國

位於西班牙西部的葡萄牙，即是羅馬時期的盧西塔尼亞地區，一直到1095年，它和伊比利半島其他地區的歷史是不可分開來談的。在這一年，葡萄牙伯爵領地，是屬於萊昂王國的一部分，它被當作嫁妝，授與阿爾豐索六世的女兒德蕾莎，她嫁給波爾戈尼亞的恩里克 (Enrique de Borgoña)。1139年，葡萄牙自成一王國。葡萄牙人從穆斯林手中收復里斯本和阿爾加爾貝 (Algarve) 後，這個新王國就擁有現在的國界。後來，在1580年葡萄牙再次成為西班牙的一領土，但維持的時間很短。很快地，在1640年獲得完全獨立。

六、中古後期西班牙霸權的興起

基督教王國的勢力真正快速擴張，使得穆斯林連戰連敗，卡斯提亞和亞拉岡的政治聯合是一大關鍵。1469年卡斯提亞的伊莎貝爾和亞拉岡的費南度聯姻。卡斯提亞的恩里克四世死後，他的妹妹伊莎貝爾在1474年繼承王位。沒多久，在1479年亞拉岡的費南度也繼承其父璜二世的王位，使得卡斯提亞和亞拉岡王國聯合於這天主教二王統治下。事實上，每個基督教王國仍保有自己的行政體制。一般而言，有兩種主要的行政制度，一是「市政」，經由國王授予城市自主權和特權，在市政方面，剛開始存在一般議會，到了十四、十五世紀則由一群地方寡頭、有錢的地主或商人所控制；另一是「宮廷國會」，每個城市都有代表參加，他們直接面對國王，主要是為市民爭取利益。到了專政時代，這兩種制度就成為西班牙最主要的體制。而西班牙的政體乃逐漸演變成由這些不同制度和文化的中古王國所組成，他們尊重中央的權限。卡斯提亞和亞拉岡這兩王國聯合起來，繼續攻打格拉那達的納薩里王國，一直到 1492 年所簽訂的〈柏阿迪爾條約〉，格拉那達才交還給天主教二王，而結束了長期的伊斯蘭統治。

在中古後期卡斯提亞的擴張，不僅向半島內部發展也向海外，它漸漸地鞏固成為一個國家，造成西班牙霸權的興起。1479 年，在卡斯提亞與葡萄牙所簽定的〈阿爾卡索巴斯 (Alcáçovas) 條約〉確定了加那利群島成為卡斯提亞的領土。1497 年，卡斯提亞征服了北非沿岸的麥利亞。而亞拉岡王國則在 1493 年藉由與法國所簽定的條約，收回了加泰隆尼亞伯爵地羅森優（Rosellón，位於現今法國南部，靠近庇里牛斯山）和薩丁尼亞島。此外，法國在 1504 年承認亞拉岡對那不勒斯王國有統治權。至於西西里島早在 1282 年就併入亞拉岡王國。那瓦拉則在伊莎貝爾死後，於 1515 年才真正併入卡斯提亞王國，但仍保有其制度。不容懷疑的是天主教二王在位時最重要的事跡是 1492 年 10 月 12 日哥倫布到達美洲，征服新大陸，開啟了西班牙最璀璨的時期。相對地，也使得印第安文化面臨一場浩劫。

第四節　不同社會經濟型態並存

中古時期的西班牙因為有不同民族的加入，也造就了其社會組成分子的複雜和經濟型態的轉變。想了解西哥德人的生活模式可以從《萊歐比希多法典》、塞維亞的伊西多羅所留下來的一些訊息以及少數挖掘出來的考古遺跡得知。羅馬帝國晚期的經濟趨勢仍舊延續到西哥德時代。農業和畜牧是主要的經濟來源，商業和手工業則失去它的重要性。這是個衰退的時期，屬於自給自足的經濟。城市的文化消失，被農業社會所取代。

在伊比利半島境內，日耳曼民族是屬於少數民族。事實上，我們很難想像當時擁有不到二十萬人的西哥德入侵者和約有三至四百萬居民的西班牙羅馬人之間的關係。從對待西哥德人和西班牙羅馬人的法律的不同，可以知道這是個有等級、不平等的社會。早期的法令禁止這兩個民族通婚，直到萊歐比希多國王才頒布廢除「禁止通婚」的法令，加上西哥德人的改信天主教，更漸漸地拉近了這兩個民族之間的距離。

西哥德的行政體制融合了傳統的羅馬制和新創的日耳曼體制，其中最主要的是君主體制。西哥德人大多組成軍事貴族階級，他們依照哥德血統來推選國王。在國王的身旁有兩種人，一是「加爾迪戈斯」(gardingos)，由貴族組成的武士隨從，他們跟隨國王作戰；另一是「帕拉蒂諾斯」(palatinos)，負責中央和宮廷的行政。這些西哥德貴族的人數極少，且擁有大片土地，並享有免稅權。除此之外，教會是大地主，也干預行政和政治事務，對這些事務有極大的決定權，尤其是在天主教成為國教以後。在《萊歐比希多法典》仍保有此項規定：「三分之二的土地屬於哥德人，三分之一屬於西班牙羅馬人。」城市及鄉村的自由民必須繳納極重的賦稅，使得鄉村的自由民尋找有權勢者的保護，並為他們工作。這種關係導致政府權力式微，貴族的勢力日漸高漲，然而當時的君主和宗教會議卻無法控制混亂失序的社會，整個社會受到哥德貴族和西班牙羅馬貴族為了提高自己的財富和特權所造成的衝擊，此乃封建制度的開始，也是中古時代的社會特色。

除了自由民外，還有農奴，大部分的農奴在悲慘不幸的情況下為他們的主人賣命，造成農奴的大量逃亡，埃希加（687～702 年在位）國王下令所有的城市鄉鎮不能給予掩護。在西哥德社會，除了西哥德人和西班牙人外，也存在少數民族，如猶太人，他們主要是從事商業和手工業活動，長期以來被頒布的法令所迫害，並遭受追捕。

到了伊斯蘭統治時期，阿安達魯斯社會組成的分子很複雜，除了阿拉伯人和柏柏爾人外（他們彼此不和與仇視），還有改信伊斯蘭的穆拉迪埃斯人、沒有改信的基督教徒莫薩拉貝人 (mozárabes) 以及猶太人。對征服者而言，穆拉迪埃斯人屬於社會邊緣人，且為他們的弟兄，即居住在伊斯蘭統治地區且沒有改信的基督教徒莫薩拉貝人所輕視。

基本上，伊斯蘭政府尊重莫薩拉貝人的宗教和傳統。不過，他們受到差別待遇，承受極大的經濟壓力，需要繳很重的賦稅。這使得莫薩拉貝人常常起來造反，較著名的一次是十世紀中葉在哥多華所發生的宗教叛亂。當時哥多華的莫薩拉貝人公開地舉行基督教儀式，攻擊伊斯蘭教義，這個活動被強行壓制下來，很多的基督徒因而殉道，其中最有名的是歐洛希奧。此外，穆拉迪埃斯人也在很多城市造反，如托雷多、梅里達、巴達和斯。比較嚴重的一次是在880年的羅達山區，由烏馬爾·伊本·阿夫蘇帶領。

阿安達魯斯社會存在許多的中產階級，其中以商人和「阿爾法金」（alfaquíes，即知識分子和專業人士）最具代表。尤其是在哈里發時期，西班牙伊斯蘭統治的極盛期，這些商人更是發揮了最大功用，此時穿越撒哈拉沙漠的黃金交通路線幾乎完全被控制，所以有大量鑄造金幣的情形。

因為人口增加，南部伊斯蘭世界的城市發展也漸漸快速繁榮。伊本·阿加 (Ibn Hawqal) 時代的一位編年家很清楚地定義了阿安達魯斯城市的重要性：「這些城市因其穀物、商品、葡萄、建築物、市場、商店、澡堂……而聞名。城市之間彼此為了爭奪地盤、稅捐、賦稅，官員和法官……而競爭起來。」城市是行政、宗教、學術和經濟的中心，它與其他地區有商業網路的聯繫。伊斯蘭城市的心臟地帶在梅迪納 (medina)。通常梅迪納是由城牆所圍繞著，在裡面可以看到清真寺、行政中心、市集和學校，附近有柵欄圍起來的衛星城鎮。而那時代人口最稠密的城市是哥多華，有一些史學家認為十世紀的哥多華有一百萬的居民，即使很多人並不認同他們所給的這個數字，但它卻是當時西歐居民最多的城市。阿爾—馬加利 (Al-Maqqari) 寫道：「哥多華的衛星城鎮共有二十一個，每一個都有一座清真寺、市場和澡堂供其居民使用，所以每一城鎮的居民不必到其他地區去做禮拜或買日常生活用品。」伊斯蘭統治時期大概建造或重建了超過三十個城市。事實上，城鎮的繁榮是因為商業和農業的復甦，穆斯林恢復和改良一些羅馬統治時期的技術，整修羅馬人撤離後被忽略的灌溉系統，使得農業生產到達新的水平。

同一時期，北部基督教王國的社會經濟結構持續西哥德時期的封建形式，其經濟活動主要是開採土地。社會上有三種階層：貴族、教士和平民。不同階層的人有不同的權利和功用。貴族和教士都屬於特權階級，貴族因為國王的授封采邑，而成為大地主；教會和修道院則因為王室和信徒的捐贈而擁有大片土地。

此外，直接參與基督教王國的「收復領土大業」的軍人和移民者，官方也分配土地給這群人，移民者取代了之前被驅逐的穆斯林。在南部，軍人和教會成為這塊廣大被征服土地的所有權者。所以，在安達魯西亞出現了一些大地主，還有一些小農，以及為貴族耕作的臨時工、僕人、佃農和農奴❶。這種情形，在萊昂、加利西亞和葡萄牙早就很常見，從十一世紀起，在南部移民地區也存在這種形式。在北部、巴利阿里群島、加泰隆尼亞和瓦倫西亞則存在較多的小地主，此乃源自於「普雷蘇拉」(presura)制度，亦即每一位自由民可以直接占據耕作土地。從十四世紀起，因為有些貴族的濫權而強烈地挑起了平民的反抗情緒，他們自組「兄弟會」來抵抗大地主的仗勢欺人。

---

❶ 一些小農因為無法生存而把他們的土地交給貴族，受其保護，成為佃農。他們本身是自由民，其社會條件是世襲的，不能離開其土地。而農奴為主人的所有物，隨著時間，大多數的農奴也獲得自由，成為佃農的身分。

剛開始，畜牧經濟活動比農業占優勢，它不需要很多人手，所以發展較快。但「收復領土大業」穩固了以後，農業日漸重要，人口漸增，農業技術也有所改進，而且引入了灌溉制度和水車。除了畜牧和農業，也有漁業、礦業、少許的手工業和從事鹽買賣的商業活動。在一些地區，例如：加泰隆尼亞，農業的發展產生了基本的工業活動，以滿足地方和對外的需求，而紡織工業在卡斯提亞王國也同樣很重要。在坎退布連山地帶和安達魯西亞沿岸則發展出造船工業，主要是為了對外貿易和之後的經濟發展所建造出來的。此外也出現一些城市中心，住著高級教士和行政官員，吸引農人前來做生意，形成市集。從十一世紀開始，基督教王國的商業有大大推進，國王保護商人，並授予其特權和自由。

從基督徒和穆斯林之間的互動來看，在基督教王國初期，基督徒和非基督徒之間還維持著和平共處的狀態。不過，從十四世紀起，整個歐洲陷入經濟蕭條的景象，尤其是黑死病的肆虐，更造成基督徒和非基督徒彼此之間的仇視。西班牙各王國的宗教寬容政策一直到天主教二王費南度和伊莎貝爾在位時，因為天主教二王設立宗教法庭來追捕假裝改信基督教者才結束。

在 1478 年由教皇西斯托四世 (Sixto IV) 授權給天主教二王，由他們來任命宗教審判者。在宗教法庭中，有很多人被判有罪，他們受到不同的審判，有罰款、鞭刑、財產充公、剝奪自由和火刑。而 1492 年所頒布的驅逐猶太人法令，導致了大約五萬人改信基督教。在伊莎貝爾和費南度在位時，將近有二十萬的猶太人被驅逐出境。至於驅逐猶太人對西班牙之後的社會經濟所造成的

圖 18：十六世紀布魯赫爾 (Brueghel el Viejo) 所畫的〈死神戰勝〉1348 年瘟疫席捲了整個伊比利半島，造成三分之一的人口死亡，這龐大死亡的人口讓人惶恐，並深植到好幾代人的心理。這幅畫正是描述當時黑死病來臨時的慘狀。現藏於馬德里布拉多博物館。

結果是很難去評估的。不過，可以知道的是西班牙本身的確失去一群在財政、商業及文化上扮演著重要角色的人。

至於住在基督教王國統治地區的穆斯林稱「穆德哈人」(mudéjares)，他們受到不同的待遇。在卡斯提亞境內，伊斯蘭國王和基督教國王之間所簽訂的條約，使得穆斯林在一段時期內可以保有其宗教。但是到了 1501 年，在格拉那達所頒布的法令，也迫使穆斯林必須改信宗教或選擇離開西班牙。次年，這個法令也在整個卡斯提亞王國實行，導致穆斯林的人數大量地減少。

圖 19：貝魯格特 (Pedro Berruguete) 所畫的〈火刑〉 在西班牙，宗教法庭從 1481 年起就非常活躍。這幅十五世紀的木版畫，呈現當時古斯曼 (Santo Domingo de Guzmán) 正在主持火刑的宗教執行儀式，而拒絕背棄宗教信仰的猶太人正被處死刑，另外兩位戴著改變信仰的圓錐帽則被遣走的情形。從此圖也可以看出道明會在宗教法庭所扮演的特殊角色。現藏於馬德里布拉多博物館。

第五節　從「貧乏」到開花結果的燦爛文化

中古早期由於社會不安定與貧困，限制了文化的傳播，尤其是日耳曼人入侵的時候。由於修士們保存了羅馬傳統，並把這些傳統傳給哥德人。所以，西哥德人統治時期的大部分文化素材仍然承繼之前西班牙羅馬人所有的色彩。在西哥德人改信天主教之後，教會和修道院就成為最主要的文化中心。在文學作品方面，主要是朝向宗教教育。當時值得一提的代表人物則以塞維亞的大主教伊西多羅最為著名，他是《辭源》(*Etimologías*) 的作者。而西哥德國王雷塞斯比托（Recesvinto，653 ～ 672 年在位）編撰的

《司法書》(*Liber Iudiciorum*)，取代了許多的古羅馬法。

在語言方面，西哥德語並沒有對伊比利半島上的語言有很大的影響力。它主要的貢獻在字彙方面。西班牙文大約有二千四百個字彙來自於日耳曼語，雖然有很多字沒有直接出自西哥德語，而是來自其他的日耳曼民族。但是，從一些人名當中可看出受西哥德人的影響很深，如阿爾豐索 (Alfonso)、費南度 (Fernando)、阿爾瓦羅 (Alvaro)、貢薩羅 (Gonzalo) 及拉蒙 (Ramón)。

西哥德時期的藝術創作貧乏，持續著羅馬和拜占庭的傳統。我們僅知一些保留下來的宗教建築，這些教堂的建築形式簡單，常採用馬蹄形的拱門，且裝飾幾何圖案。著名的有帕倫西亞的聖若望．巴紐教堂、薩莫拉的聖彼得．納貝教堂，奧倫塞的聖康巴．巴德教堂。此外，華麗的裝飾藝術也是很著稱，主要是貴族個人所用的裝飾物，如武器、飾針、腰帶上的扣子和珠寶。較有名的是瓜拉薩的祈禱寶物，它是西哥德金銀藝術的代表。

到了中古下半期，西班牙在伊斯蘭的統治下，其文化達到巔峰。阿拉伯人經由拜占庭人和被征服的古老城市之間的交流，使得西班牙與希臘文化接觸，而西班牙文化的快速擴張也要感謝這些穆斯林、基督教徒和猶太的翻譯者，他們聚集在托雷多從事書籍翻譯的工作。伊斯蘭文化的傳播非常地快速，這與改信伊斯蘭所獲得的利益、享有的免稅權有關，我們可以從八世紀的《編年本紀》得知，當時在安達魯西亞有百分之八十的居民是基督徒，但經過四個世紀以後只剩下百分之十。

伊斯蘭教育興盛，開辦小學、高等教育中心和大學，它以學習《可蘭經》和阿拉伯文為主。不過，也學習歷史、地理、數學和科學。因為紙的大量使用，所以編寫了很多有關於宗教、天文、法律、醫學和哲學的書籍。光是哥多華哈里發王國的圖書館就擁有超過四十萬本書籍。但不幸的是這些書籍被後來的入侵者阿莫阿德人放火燒毀。

文學方面，受到東方伊斯蘭文化的影響，以吟遊詩居多，而宮廷中有專門為君主而唱的戲曲和創作讚美英雄、愛情的詩人。藝術方面，以建築最為重要，大多是清真寺及宮殿、堡壘的建

圖 20：帕倫西亞的聖若望．巴紐教堂　此教堂建於 661 年雷塞斯比托國王在位期間，屬於會堂式的平面圖，接近東方基督教早期的教堂樣式。主要建材以方石為主。建築物的門面是典型的馬蹄形拱門。內部有三個正廳，以柱子拱門隔開，柱頭裝飾著葉子形狀的科林斯式造型，柱身平滑。

造。除了使用大理石和石頭的建材外，也採用木頭、磚和石膏。伊斯蘭建築受西哥德馬蹄形拱門的影響，並引用新的形式，其內部常使用磁磚來裝飾。此外，還有幾何圖案、植物和阿拉伯文的裝飾。比較著名的是哥多華的清真寺，它建始於阿德．阿爾—拉馬一世，到了阿德．阿爾—拉馬三世共建造了二十一個門和一千二百九十三個柱子。此外，塞維亞的樓塔 (Giralda)，高達

圖 21：哥多華的清真寺，建立在一座古西哥德教堂——聖維森特會堂上　始建於 786 年阿德．阿爾—拉馬一世在位時，可容納五千人。其內部剛開始只有十一個正廳，朝向壁龕，中間較寬敞，分別以馬蹄形的拱門柱子隔開。到了阿德．阿爾—拉馬二世、阿爾—阿坎二世以及阿爾—馬蘇時代擴大到可容納二萬五千人。於 1984 年被聯合國教科文組織列入世界文化遺產。

七十公尺，建於 1184 ～ 1196 年，其內部有三十五個斜臺可以讓馬走上去。但被基督徒征服以後，在 1568 年樓塔的上半部增加了文藝復興風格。現在這個樓塔是塞維亞大教堂的鐘樓。值得一提的還有建始於十三世紀納薩里王國的阿爾罕布拉宮殿，以及阿爾罕布拉宮殿旁邊國王夏天所居住的宮殿花園赫內拉利菲，其內部的裝飾有很特別的稜柱形，像「鐘乳狀的裝飾」(mocárabe)。前述的塞維亞大教堂於 1987 年被聯合國教科文組織列入世界文

圖 22：阿爾罕布拉宮殿的獅子庭院　中古時代的阿爾罕布拉包括軍事建築、宮殿和住家。其大部分建築物建於十四世紀。此宮殿起初是王室住所和堡壘，建於穆罕默德．阿爾—阿哈馬（Muhammad al-Ahamar，1238 ～ 1273 年在位）在位時，之後的君主繼續增建。內部有裝飾著幾何圖案和碑文等一系列的庭院、樓塔、廳堂。內部常使用半圓形超高拱門，柱頭由圓柱體和立方體形成，上頭則布滿裝飾圖案。

化遺產，阿爾罕布拉宮殿和赫內拉利菲花園則於 1984 年列入世界文化遺產。

在基督教世界，古典拉丁文在中古歐洲的其他地區仍占有優勢。一般人所講的「通俗拉丁文」在各區域隨著時間的演進而日漸不同，產生不同的語言和方言，也就是所謂的「浪漫語文」(romances)。十世紀，首次出現在拉丁文文章旁邊，以卡斯提亞文（指古西班牙文）書寫的註解。從十三世紀起，文獻的書寫只使用平常所說的語言來寫，拉丁文的使用日漸式微。卡斯提亞語的演變受到其他的浪漫語文、莫薩拉貝方言和巴斯克語的影響，如 f 開頭的拉丁文受到巴斯克語的影響而消失，到了十四世紀末則變成 h 吸氣音，之後成為無聲音，例如：facere → hacer（動詞，做的意思），fabulare → hablar（說、講）。

至於卡斯提亞語受到阿拉伯文的影響主要是在字彙方面，如 aduana（海關）、alcalde（市長）、alcohol（酒精）、alfombra（地毯）、álgebra（代數學）、algodón（棉花）、zanahoria（胡蘿蔔）等字都源自阿拉伯文。此外，也有很多地名來自阿拉伯文，例如：Alcalá（城堡的意思）、Alcántara（橋的意思）、Alcázar（宮殿的意思）、Guadalquivir 等等。而中古時期的卡斯提亞文也採用許多的法文、義大利文和古典拉丁文。

文學方面，可分為傳統詩詞、古典詩詞、散文和戲劇。傳統詩詞來自平民，以口頭方式一代傳一代，直到十五世紀才以書寫方式在卡斯提亞地區呈現。這類的抒情詩來自吟遊詩人，比較著名的是〈歌頌我的埃西得〉(*Cantar de Mio Cid*)。古典詩詞則比較講究形式，從十五世紀起則發展出吟遊詩和譬喻詩。著名的中古散文是〈智者阿爾豐索十世〉(*Alfonso X el Sabio*)，他是卡斯提亞—萊昂國王。至於中古戲劇則起源於宗教節慶。

一直到十二世紀，中古時代的文化主要仍掌握在教會手中。第一所西班牙大學建於十二世紀末的帕倫西亞和塞拉曼加。十三世紀中葉，在阿爾豐索十世（1221 ～ 1284 年）的推動下，創建了巴亞多里德大學和塞維亞大學。阿爾豐索十世被推崇為卡斯提

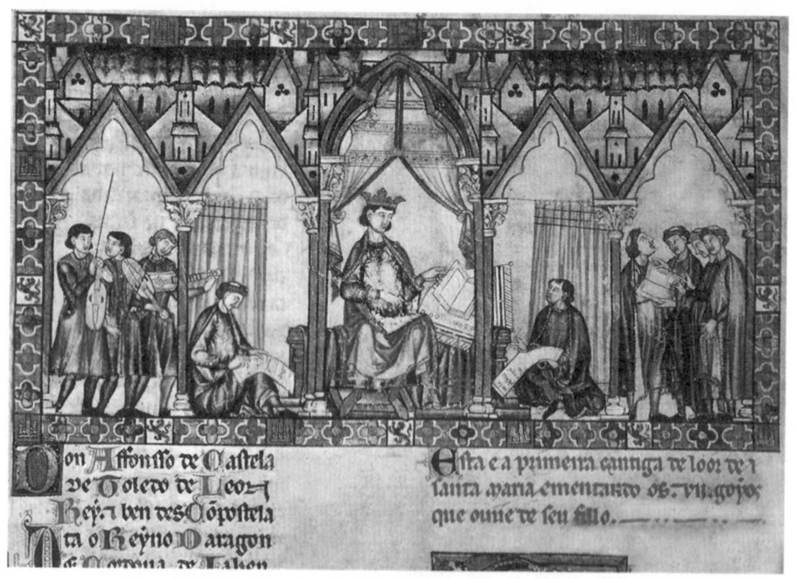

圖 23：智者阿爾豐索十世口授〈拉斯坎蒂加斯〉(*Las Cantigas*)　〈拉斯坎蒂加斯〉是以加耶戈—葡萄牙語所寫成的古抒情詩，國王阿爾豐索十世將其寫成卡斯提亞語。他個人不僅以智者、博學之人的保護者自居，本身也是多產的詩人。在他名下的作品大概保存了四百六十五件。

亞語散文的創立者，他推動以卡斯提亞語來翻譯作品，而這些作品的翻譯者有猶太人、穆斯林和基督徒，他們聚集在托雷多的翻譯學校來從事翻譯工作。

在藝術方面，西班牙中古基督教王國的藝術特色可分為三種形式：一、仿羅馬式；二、莫薩拉貝藝術；三、哥德式。仿羅馬建築是在十一世紀被引進西班牙，由克魯尼❷修士傳布於西班牙各地，從加泰隆尼亞延伸到其他地區。它主要是表現在修道院、教堂和城堡方面。那瓦拉國王桑喬三世和他的後代建造許多仿羅馬式的教堂，而這些教堂皆位在聖地亞哥朝聖之路的路途上，其建築特色是採用半圓形的拱門、半圓形的教堂後殿。

在教堂後殿的牆壁可以找到宗教色彩濃厚的壁畫，如位在加泰隆尼亞庇里牛斯山的聖瑪莉亞·塔烏爾教堂和聖克萊門特·塔烏爾教堂後殿的壁畫極為出色，色彩鮮豔，這些仿羅馬式的教堂於 2000 年被聯合國教科文組織列入世界文化遺產。雕塑也以宗教性題材為主，人物表情嚴肅，通常是裝飾在建築物的門面上，較有名的是聖地亞哥大教堂的兩個門面上的雕像。不論是雕塑或壁畫，完全融入於建築物中，只是它的附屬品。那時的《聖地亞哥朝聖指南》深受朝聖者的喜愛，書中有沿途及目的地聖地亞哥大教堂的相關資訊與建議。1985 年聯合國教科文組織將聖地亞哥舊城區列入世界文化遺產，到了 1993 年也將聖地亞哥朝聖之路

---

❷ 位於法國勃根地的克魯尼 (Cluny) 是十一世紀最大的本篤修道院，910 年由亞奎丹的威廉公爵所建立。克魯尼只服從教皇，不受地方主教管轄。

圖 24：位於加泰隆尼亞的聖克萊門特·塔烏爾教堂內部的壁畫　約作於1123年。這是典型的「仿羅馬式」繪畫，繪於教堂後殿聖臺後面的牆壁上，顏色鮮豔，富宗教教育意義，表現出全能的上帝之造型。為了便於管理保護，現在這些壁畫已全移到巴塞隆納的加泰隆尼亞國家藝術博物館。

沿途所建的大教堂、教堂、客店 (albergue)、醫院、橋梁等納入世界文化遺產。

第二種莫薩拉貝藝術乃指一群住在伊斯蘭統治區且沒有改變其信仰的基督徒，他們受到伊斯蘭藝術的影響，並融合東部基督教仿羅馬式的特色。基督徒和穆斯林之間的共存，有的甚至有共享同一教堂的情形。莫薩拉貝人所使用的教堂通常是在西班牙哥德人就已經存在的建築物。在建築上，主要採用哈里發的馬蹄形拱門，它比西哥德式還要閉合和狹窄，而且教堂的面積也較小。到了十二世紀中葉，由於商業的興起，帶動城市的發展，而產生

圖 25：巴塞隆納哥德大教堂的正面　從此圖可看出其尖塔、尖拱等哥德建築特色。

一種藝術風格來代表自由市民的想法。在這同一時期，哥德藝術經由西多修會❸的修士被引入伊比利半島。哥德建築最主要的特色是尖拱、屋頂交叉拱、飛扶壁、尖塔、彩色窗等。著名的建築物有布爾戈斯、托雷多和萊昂大教堂，這些教堂皆建於十三世紀，屬於此類風格。雕塑方面則富表情、莊嚴，雕像的衣服則充

❸ 西多修會是由本篤修會的修士聖羅伯托在 1098 年法國東部的西多（Citeaux 或 Cister）所建立的。此修會主張恢復原始的本篤修會那種嚴苛儉樸的生活。到了 1112 年，聖伯納德加入西多修會，使得西多修會擴張快速，享有盛名。西多修會的成功例子，說明了退隱生活對十二世紀基督徒的強烈吸引力。

滿皺褶。早期的哥德繪畫有壁畫、木版畫和古抄本上之插畫，直到十五世紀才採用畫布以及油畫技術。其題材仍以《聖經》和使徒行傳的宗教特色為主。

除了基督徒的藝術作品外，居住在基督教王國的穆斯林也發展出自己的特色，即所謂的「穆德哈藝術」。它從十二世紀開始發展，十四至十五世紀是極盛期。屬於這風格的有塞維亞的阿爾加薩宮殿，萊昂的薩阿古 (Sahagún) 教堂等等。穆德哈建築主要的特色是採用磚塊、小木頭和石膏，以及使用多種類型的拱門。牆壁以磚塊砌成，石膏做裝飾用，屋頂由木頭所雕刻而成。

從西班牙中古時代政權的演變來看，似乎傳達了這近千年的血腥衝突之劇，然而政治上的紛亂，並不代表當時的不同民族間也是一直處在這種我們所認為的「錯覺」當中。相反地，在這漫長期間，西班牙境內的一般百姓多在和平共處、互相通婚的情況下度過。由於西班牙在整個中古時代有這些形形色色的民族和宗教並存，也迸出了輝煌的文化，甚至達到不同信仰在同一教堂共用的情形出現。這些都反映在現今所遺留下來的藝術建築上，很明顯地可以看出在藝術作品上會出現不同文化之間的相互影響與混和。

第 II 篇

近　代

第六章 *Chapter 6*

西班牙哈布斯堡王朝的興衰

第一節 「日不落國」？

天主教二王為了保障和其他歐洲強國的同盟關係，來孤立法國，便採取王室之間聯婚的政治手腕，將大公主璜娜嫁給哈布斯堡王朝的皇儲菲力普。1504 年伊莎貝爾一世去世後，璜娜便成為卡斯提亞女王。原本就有精神疾病的璜娜，在夫婿菲力普突然病逝後，情況更加惡化，所以由其父費南度二世暫時代理卡斯提亞的政務。1516 年天主教國王費南度二世去世後，便將這兩國的王位傳給菲力普和璜娜所生的長子卡洛斯一世 (Carlos I)。於是，卡洛斯由他外祖父母天主教二王手中繼承西班牙王國，從他祖父馬克西米連一世 (Maximiliano I) 那裡繼承神聖羅馬帝國，從他祖母瑪麗亞．波爾戈尼亞 (María de Borgoña) 手中繼承低地國、盧森堡、法蘭哥伯爵領地 (Franco Condado)，使西班牙成為歐洲最強盛的霸權王國。在卡洛斯一世時期，西班牙帝國幅員遼闊，包括

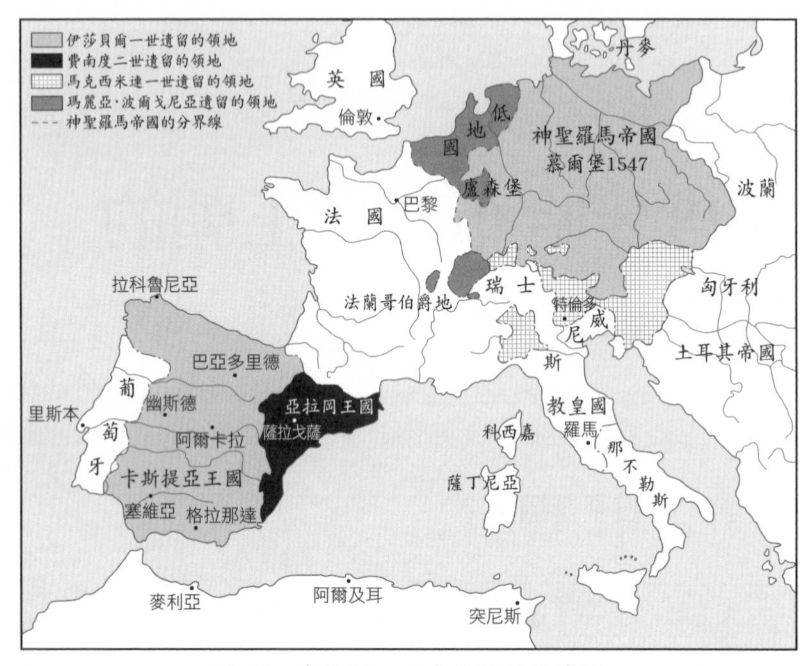

圖 26：卡洛斯一世在歐洲的疆域圖

了伊比利半島、義大利南部、非洲北部的幾處小城、低地國、盧森堡、法蘭哥伯爵領地以及神聖羅馬帝國的土地，還有在美洲的殖民地等。

卡洛斯一世企圖將歐洲所有基督教邦國聯合起來，由他領導，共同對抗土耳其人，並建立一套世界性的基督教帝國意識型態模型。然而，這和當時歐洲文藝復興時代，維護民族國家存在的浪潮背道而馳。法國和神聖羅馬帝國反駁卡洛斯一世的觀點，只有西班牙境內的邦國們追隨他的理念，對抗法國、土耳其和神聖羅馬帝國新教王子們。然而，這項龐大的政治外交工程的財源主要是來自西班牙，因此，卡洛斯一世建立的龐大帝國也稱「西班牙帝國」。

一、卡洛斯一世的「大」西帝國

卡洛斯一世從小居住於荷蘭，十七歲到達西班牙時，不會說西班牙語，他的同伴中也沒有西班牙人。他的外籍幕僚們態度傲慢，擔任重要的職位，並實施新的賦稅。這使得新君王在西班牙民眾中的形象大為低落。所以，當卡洛斯一世向國會提出申請經費，來支付競選為神聖羅馬帝國皇位時的花費，他的威望更加下跌。

1519 年卡洛斯一世順利地被推選為神聖羅馬帝國的皇帝，成為查理五世皇帝，並離開西班牙到神聖羅馬帝國受封，將政權暫時交付給烏德雷 (Adriano de Utrecht) 主教。這時，卡斯提亞叛亂爆發，由卡斯提亞的城市資產階級領導發起，叛亂者要求卡洛斯一世尊重卡斯提亞王國的自由，並遠離外國幕僚，成為居住西班牙的本土國王。卡洛斯一世拉攏貴族，聰慧地處理這事件；相反地，叛亂分子卻毫無組織性。於是，1521 年皇軍擊潰叛軍。叛亂首腦被處死，結束這場叛亂事件，從此卡斯提亞君主專制集權體制更加地鞏固。

在此同時，亞拉岡王國掀起「兄弟會」的社會運動浪潮，平民起而反抗貴族。最後，叛亂被嚴厲地鎮壓。1522 年卡洛斯一世返回西班牙後，勵精圖治，撤換外籍幕僚，改用本土西班牙人為左右助手。之後，娶葡萄牙的伊莎貝爾公主為后，獲取民心。

卡洛斯一世的帝國政策是建立在以基督教為基礎的霸權上，來維持歐洲和平。法王法蘭西斯一世（François I，1515～1547年在位）無法接受卡洛斯一世的歐洲霸權政策，雙方遂因此相互對抗，爭取歐洲霸權地位。這兩位屬行集權體制的君主，皆曾為了爭取神聖羅馬帝國皇帝的頭銜，而一比高下；雙方對義大利，特別是米蘭領地，也心存覬覦。除此之外，法王也窺伺那瓦拉和波爾戈尼亞兩土地。因此，法、西兩國的爭霸戰一直持續進行著。雙方各自盡其所能地拉攏歐洲其他國家（英國、教廷和義大利境內諸國）為同盟國。法王與卡洛斯一世的敵對者（神聖羅馬帝國新教徒和土耳其）結盟。雙方四次戰役中的關鍵戰是1525年的巴畢亞 (Pavía) 之役。在這次戰役中，卡洛斯一世取得優勢，獲得米蘭領地。儘管如此，法國仍舊是強盛的國家，和西班牙之間的問題仍然未獲得解決。

另一方面，神聖羅馬帝國問題則源自馬丁．路德（1483～1546年）的宗教改革。神聖羅馬帝國新教君王們拒絕臣服於卡洛斯一世，這威脅到整個帝國的宗教統一。因此，卡洛斯一世在位時，所面臨的是政治和宗教的雙重危機。首先，卡洛斯一世召開三次的共同委員會議，試圖和新教徒達成和平協議。但是雙方無法達成共識。新教徒之間互相結盟，向卡洛斯一世宣戰。雖然1547年卡洛斯一世在慕爾堡之役擊敗新教徒，但問題還是存在著。最後，卡洛斯一世於1555年將神聖羅馬帝國皇位傳給其弟費南度。不久，雙方在奧格斯堡簽定和約，給予神聖羅馬帝國君王們宗教自由。

至於與土耳其對峙，是基於以下原因：中古十字軍東征對抗基督教敵人的理念；土耳其對中歐的威脅，以及土耳其海盜環伺在地中海，威脅到西班牙和義大利海岸的貿易和安全。卡洛斯一世在維也納附近擊潰土耳其軍隊，並在地中海和伊斯蘭海盜交戰。1535 年在突尼斯戰勝土耳其，但是並沒有能夠收復阿爾及耳。在卡洛斯一世在位晚期，土耳其問題也沒有解決。

卡洛斯一世的外交政策需要龐大的經費作為支撐，而這經費是來自卡斯提亞和美洲殖民地。最後，在財務上卡斯提亞王國入不敷出，欠下大筆債務。在經濟短缺下，外交政策也較收斂。卡洛斯一世晚年疲於奔波緊湊的生活，遂將王位退讓給其子。之後隱居於幽斯德修道院，過著修士般的簡樸生活，直到1558年去世。

二、菲力普二世的「豐功偉業」

菲力普二世（1556 ～ 1598 年在位）在 1556 年由其父手中繼承西班牙王朝（除了神聖羅馬帝國是由其叔父費南度所繼承），成為十六世紀歐洲最具權威的君王。菲力普二世不同於其父卡洛斯一世的其中一點在於，菲力普二世是在西班牙成長和受教育的君主，其周圍的幕僚都是西班牙籍，而且他是以伊比利半島為中心來統治他的邦國。不過，他也沒有因此而顧慮到西班牙人的利益和意願。西班牙對他而言，尤其是卡斯提亞，只是他財政支出的經濟來源處，用來擴張哈布斯堡王朝在歐洲的霸權。他仍持續卡洛斯一世時期所面臨的外交衝突：土耳其的擴張、與法國的爭奪戰，以及新教徒的叛亂。他的統治疆域因菲律賓和葡萄牙的併

圖 27：菲力普二世的肖像　潘多哈德拉克魯斯 (Pantoja de la Cruz) 繪，收藏於耶斯勾利亞修道院。

入而更加擴大。從 1561 年開始，西班牙帝國的中心和首府轉移到馬德里。菲力普二世也被稱為「謹慎國王」，他改善了由天主教二王和卡洛斯一世所建立的議會制度和官僚體制。

菲力普二世也是虔誠的天主教徒，其政治和行政機構皆以維護宗教利益為主，而此時宗教法庭的繼續存在主要為了阻撓新教的擴張。他的宗教特質影響西班牙國會以及西班牙社會達數個世紀之久。因此，菲力普二世是西班牙君主中最受爭議的一位。由於他反宗教改革的決心，外國作家和新教徒將他比喻成「大惡魔」，所以他在國外的形象，長達三個世紀被沾染污點。相反地，對西班牙人而言，他則是位偉大的君主。他將西班牙帝國帶至極盛時期，致力於天主教的傳播和護衛，以及歐洲的一統事業。

菲力普二世在位的最後幾年，積極籌備與英國作戰事宜，並爭取其女伊莎貝爾在法國的王位繼承權。不過，最後這兩項計畫

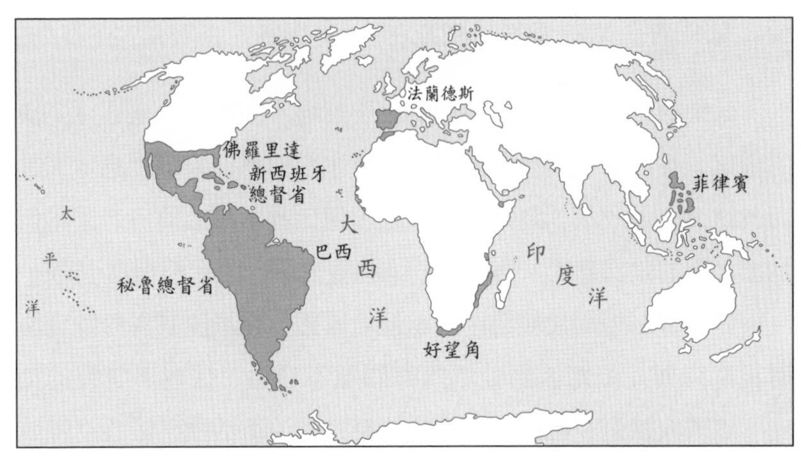

圖 28：菲力普二世時期的西、葡帝國的疆域圖

皆告失敗。這些新的支出導致 1596 年的國庫再度破產。而財務問題也是西班牙帝國衰弱的原因之一。

三、亞拉岡王國境內的叛亂活動

十六世紀末葉，亞拉岡王國的地主貴族和臣民之間的關係越趨惡劣，使得社會情勢越趨緊張。而貝雷斯 (A. Pérez) 事件為其導火線。貝雷斯是菲力普二世的秘書，被控參與謀殺另一位國王秘書野斯勾貝多 (Escobedo)，於是潛逃到亞拉岡王國，並散播菲力普二世企圖派兵到亞拉岡王國解除當地法令的謠言。當地民眾得知這傳聞，深感不滿，遂起而暴亂。1591 年菲力普二世派兵進入亞拉岡王國的首府薩拉戈薩，當地大部分民眾並未多作抵抗，於是這場暴亂便很快地被平定。

四、低地國（尼德蘭）「叛亂」

低地國是菲力普二世時期的重要屬地，在戰略上是通往英國的橋梁，在物資上則是卡斯提亞以外主要的物資來源供應地。然而，在文化、政治、經濟和宗教上，伊比利半島上的各邦國和低地國之間的差異甚大。因此，要維持雙方聯合的狀態相當不易。

菲力普二世從父親手中繼承低地國後，遂派任其異母妹瑪格麗妲為總督。但她因對此地內部問題不熟悉，採取不適宜的措施，如徵收賦稅、推動耶穌教會的反宗教改革活動、派兵進駐城內等，而招致民怨。

十六世紀時，荷蘭的安特衛普是世界貿易和金融中心，匯集來自歐洲各地的商人。由於接觸外國商人頻繁，有助於路德教義和喀爾文教義的傳播。1566 年菲力普二世決定制止新教改革在此地擴張，於是企圖引進宗教法庭來制止。不過，荷蘭人的民族主義意識逐漸覺醒，準備對抗西班牙的統治。當地民眾不準備接受這項措施，遂於同年起而反叛，掠奪教堂和修道院。而當地貴族們也不願受制於西班牙的統治，民眾和貴族簽署聯盟協議，來爭取政治和經濟自由。菲力普二世派遣激進派天主教徒阿爾巴 (Alba) 公爵到低地國，使用強硬鎮壓方式試圖平息內亂。1568 年 6 月，阿爾巴公爵在布魯塞爾廣場當眾處死領導叛亂的兩位領袖——黑德盟 (Egmont) 和荷爾 (Hoorn)，導致西班牙王室和低地國臣民之間更大的裂痕，造成持續八十年的暴亂局面。

反叛活動從北方的縣鎮開始，北方大多數人信奉喀爾文教，接受英國和法國的軍隊和金錢援助；南方大多數是天主教徒，較忠心於西班牙，因此暴亂進展較為緩慢。菲力普二世目睹阿爾巴公爵的平亂徒勞無功，遂利用信奉天主教的佛朗明哥人（flamencos，即現今比利時北部荷語系的民族）和信仰喀爾文教的荷蘭人之間的宗教差異情結，想盡辦法爭取佛朗明哥人的支持。

由於 1575 年西班牙王朝的經濟困境，國庫匱乏，西班牙軍隊不滿薪俸微薄，屢次發動叛變，使得與低地國的戰事越趨複雜化。菲力普二世最後於 1598 年給予低地國自治權，但僅南方信奉天主教的省分（現今的比利時）接受這項決議，而北方（現今的荷蘭）在威廉奧倫奇 (Guillermo de Orange) 的領導之下，幾乎已成獨立的區域。這問題持續到 1648 年三十年戰爭結束後，西班牙承認荷蘭的自主權，始告一段落。

五、菲律賓成為西班牙殖民地

麥哲倫受西班牙國王之命赴海外探險，其船隊於 1521 年抵達菲律賓，他在麥克坦島 (Mactan) 被殺，隨後由埃卡諾 (Juan Sebastián Elcano) 指揮，於 1522 年返回西班牙，完成首次周航世界的壯舉。到了 1543 年，西班牙人羅貝斯 (R. López de Villalobos) 航行至亞洲的明答那峨島和雷易德島，並以當時西班牙菲力普王子之名來命名菲律賓群島。對菲律賓的殖民開始於 1565 年萊加斯比 (Miguel López de Legaspi) 的占領宿霧，不久便建立了馬尼拉城。之後西班牙人在 1626 至 1642 年間占據北臺灣。

在行政上，菲律賓群島隸屬於新西班牙總督省，也就是現今的墨西哥。

六、西、葡合併

在菲力普二世忙於平定低地國叛亂之際，葡萄牙年輕的國王賽萬斯丁 (Sebastian)，在對抗伊斯蘭的十字軍戰役中陣亡，由其叔父恩里克繼任王位。兩年後，恩里克逝世，無子嗣，身為葡萄牙公主之子的西班牙菲力普二世遂於 1580 年派兵進占葡萄牙，自封為葡萄牙國王，自此葡萄牙和其所屬的殖民帝國便成為菲力普二世的統治邦國。

七、對抗穆斯林：摩力斯哥人和土耳其人

摩力斯哥人 (moriscos) 是在天主教二王時期，被迫改信基督教，這些留在西班牙南部的穆斯林，暗中仍從事伊斯蘭信仰活動。菲力普二世決定加強這族群的基督教信仰，於是禁止他們使用自己的語言和習慣，如穿著、節慶等，強迫他們融入基督教社會。他們因不滿西班牙政府的壓迫，曾於 1558 年起而叛亂，推選南部一位格拉那達的伊斯蘭貴族為王，在一些地區升起伊斯蘭的旗幟，開始了艱辛的游擊戰，來對抗西班牙軍隊。摩力斯哥人在土耳其人的援助之下，與菲力普二世的軍隊對抗了三年。最後，由菲力普二世的胞弟璜 (Juan) 率軍平息這場戰亂。西班牙政府為了避免叛亂的摩力斯哥人與北非的穆斯林接觸，進一步入侵半島，於是將摩力斯哥人驅逐至西班牙內陸地區。

土耳其人趁著西班牙在低地國和葡萄牙平亂之際，再次掀起對地中海的侵略活動，入侵塞浦勒斯島和突尼斯。這些事件引起歐洲南方的天主教邦國的警覺和關注，於是教皇庇護五世鼓舞他們共同組成一支聖隊來對抗土耳其。這支聖隊由西班牙、威尼斯和教廷所組成，在菲力普二世胞弟璜的帶領之下，於 1571 年在希臘的雷半多 (Lepanto) 擊潰土耳其軍隊，結束了土耳其對基督徒的威脅，確保了地中海的貿易自由。

八、與英交戰和無敵艦隊

菲力普二世統治的下半期是以和英國伊利莎白一世之間的衝突發展為主。菲力普二世與英國都鐸王朝亨利八世之女瑪麗聯姻。瑪麗於 1558 年病逝，將王位傳給其異母妹伊利莎白。伊利莎白一心想恢復英國聖公會為英國國教，並且對外政策漸漸地朝向贊助歐洲大陸的新教徒，和西班牙成對立局面。而英、西雙方最終關係破裂是基於以下原因：哈維奇亞斯 (J. Hawkias) 和崔克 (F. Drake) 所領導的海盜船掠奪從美洲載往西班牙的財物；菲力普二世幫助愛爾蘭的反叛分子和蘇格蘭女王瑪麗．司圖亞特；英國協助荷蘭新教徒來反抗西班牙的統治等。

1587 年初，伊利莎白一世下令處死蘇格蘭女王瑪麗．司圖亞特。這促使菲力普二世決定發動籌備多年的無敵艦隊，來結束英國聖公會的分裂主義，以及制止英國海權的擴張，以免危及西葡帝國。無敵艦隊包括一百三十艘軍艦，於 1588 年 5 月由梅迪納西多尼亞 (Medinasidonia) 公爵率領朝北前進，中途在荷蘭港口

圖 29：1588 年西班牙無敵艦隊被英軍擊毀　這事件象徵著西班牙國勢衰微的開始。現藏於馬德里海軍博物館。

召集了約兩萬名士兵參與戰役。不料，於英吉利海峽遭到英國軍艦強力的反擊，欲退回西班牙，卻於中途慘遭暴風雨的襲擊，以致兵潰艦毀，損失慘重。這次戰役失利導致西班牙的國際聲譽大跌，但是並未摧毀西班牙的海上霸權。十七世紀初，西班牙的海權盛世再度恢復。當菲力普二世於 1598 年去世時，英、西之間的衝突也陷入疲憊的階段，直到六年後，雙方戰事才告一段落。

九、法、西衝突

教皇保祿四世為了驅逐西班牙人在義大利半島上的勢力，遂挑撥法王亨利二世和菲力普二世，讓他們反目成仇。雙方開戰，前線分為兩地：一在法國和荷蘭邊境，另一在義大利境內。西班牙阿爾巴公爵領軍進入梵蒂岡，教皇被迫求降。另一方面，在法國，紗莫亞 (Saboya) 王子占領一些法國據點，並於 1557 年在聖根丁之役大敗法軍，為進攻巴黎鋪路。不過，由於經濟資源短缺，使得西軍放棄繼續前進的念頭。最後，雙方簽署和約，法王聲明放棄對義大利的企圖。為了表示雙方友好的誠意，菲力普二世遂娶法國公主伊莎貝爾為妻。

菲力普二世在位的最後幾年，參與了多次的戰役，導致國庫空虛。他參與法國境內的宗教戰爭（1562～1594年），支持天主教派人士來對抗擁護亨利的人士。當亨利皈依天主教，登上法國王位，成為亨利四世之後，法國內戰遂演變成法、西之間的公開戰爭。最後，在1598年5月雙方簽訂〈北賓斯和平協約〉，結束了一個世紀以來的衝突和西班牙的軍事優勢局面。

第二節　十六世紀的社會和經濟：「物價革命」的爆發

在這一世紀，西班牙人口增加了一百多萬，總人口超過八百萬。人口增加最多的區域是在卡斯提亞。人口增加不僅歸因於瘟疫的減少，也是因為半島東部和其他歐洲國家的人口移入。在亞拉岡王國，尤其是在加泰隆尼亞地區，人口也有顯著的增加，數以千計的法國人為了逃離法國境內的宗教戰亂，而來到這裡。

十六世紀西班牙的人口以「舊基督徒」（追溯到數代祖先為「純正」的基督徒）占多數，而外籍人士則以法、義人為多。另外，還有一些生活條件卑微，各自獨立成群的少數民族，如摩力斯哥人（住在西班牙的穆斯林），他們主要是受雇於大地主，從事農耕活動。在亞拉岡大約有二十萬人，在卡斯提亞十萬人。他們有一部分已改信基督教，這群人被稱為「穆德哈人」。在天主教二王驅逐猶太人之後，西班牙還剩下一些改信基督教的猶太人，他們主要是從事商業和手工藝活動。儘管這些人已改信基督教，但是一般民眾依然排斥這些「新基督徒」。這些人不能擔任某些特定的職務和享有某些權利。除此之外，還有來自地中海東方的吉普賽人。

源自中世紀的社會階級模式，在十六世紀並沒有多大的改變。最上層是高級貴族，為數甚少，從事軍事、政務活動，享有免受政府控制的大地主生活。相反地，階級較低的貴族為數甚多，他們之間的財產和影響力則差距相當大，不過都享有某些特權，如免稅。依據長子繼承權的制度，這些擁有土地的貴族們經濟能力倍增，不過，在政治上卻越趨於依附國王。

天主教教會人士的社會、政治影響力很大，操縱著一般民眾的道德觀點和習俗，並可從國王和貴族所發給的薪俸、信徒的捐贈和各種儀式支付的費用中，不斷增加收入。他們在大學的興建和創辦上扮演重要的角色，也積極參與前往美洲傳教的活動。

接著是所謂的資產階級，他們從事出口羊毛的貿易活動，和北歐的一些大型紡織中心交易而致富。資產階級為數不多，主要是因為缺乏大城市，缺少資本主義式的經濟傳統，以及當時西班牙人認為商人「重利輕義」，所以寧可從事農業等其他活動。因此，大多數的人口是手工藝工匠、製造業工人、農人和家庭幫傭。雖然農人已免於封建時期的奴役迫害，但是這群人的社會經濟條件依然惡劣，因為他們得繳納賦稅，以及承受物價不斷上揚的壓力。

至於物價的持續上揚，得歸因於西班牙將美洲新大陸的大量金銀輸入歐洲市場，導致所謂的「物價革命」。當時西班牙對新大陸的貿易管理由塞維亞的商務局 (Casa de Contratación) 負責，壟斷美洲的貿易市場。為了防止荷、英、法海盜的掠奪行為，從 1565 年開始，西班牙派遣兩艘大軍艦，負責運送當時美洲沒有生產的物資，如葡萄酒、油、布料和加工成品到新大陸；回程時，則滿載貴重金屬和皮革等一些美洲當地的產品。在哈布斯堡帝國主義政策下的財政支出，引發了錢幣流通的迅速增加，導致通貨膨脹，其中波及最大的是農產品，同時也使社會和經濟不平衡加劇。菲力普二世雖實施增加賦稅、販售貴族頭銜和政府職務等措施，也無法挽救財政危機，在他去世時，政府的財政支出已超過收入的六倍之多。

第三節　教會和宗教法庭：追捕「假」信徒

在卡洛斯一世和菲力普二世統治時期，宗教法庭仍繼續追查假裝改信天主教的摩力斯哥人和猶太人，這次更延伸到追捕一些從基督教分歧出來的新教派，如照明教 (alumbrados)、伊拉斯教 (erasmistas) 和新教。照明教大約在 1509 年出現於西班牙。荷蘭人文主義學者伊拉斯莫斯（1469 ～ 1536 年）的天主教革新觀點，曾在西班牙的一些文人圈子內被效法和讚揚，他們也認為基督教有改革的必要。而神聖羅馬帝國宗教改革家馬丁・路德所創導的

圖 30：伊拉斯莫斯　荷蘭籍人文主義學者伊拉斯莫斯，對當時西班牙的知識分子深具影響力。

路德新教，在西班牙的信眾並不多，卻仍受到嚴厲的壓迫。此外，西班牙的天主教徒也往海外殖民地（中南美洲、菲律賓）傳播福音，並設立宗教法庭。

天主教教會對於宗教信仰的控制和純正化，也從書籍的審核上著手，訂定禁書的種類和目錄。面對著勢力漸增的新教，天主教教會決定從舊的結構體系上面著手革新。這就是特倫多宗教會議（Concilio de Trento，1545 ～ 1563 年）的主要目的，對有關教義的重要條款重新加以分析和定義。此乃新、舊教正式分裂的關鍵時刻。在羅馬公教教會的舊教改革時期，羅耀拉組織耶穌會，參加的人多半是敦品好學之士。之後，他們除了在歐洲興辦學校和傳教之外，更遠涉重洋，在海外獲得許多的信徒。

第四節　文藝復興時期的文化：效仿並創新

哈布斯堡王朝時期是西班牙文化的黃金世紀和擴張期。充滿活力的西班牙藝文活動在十六、十七世紀發展成熟，具有創新獨到的特質。卡斯提亞語則成為國際語言和文化的傳播工具。

十六世紀的教育大為普及，增設了一些新大學，總數達到二十八所，是西班牙的大學世紀。當時的阿爾卡拉和塞拉曼加兩所西班牙學府聞名全世界，後者甚至於 1568 年時，擁有大約八千名學生。這個世紀也有其他的大學相繼設立，如格拉那達大學。此外，還有其他類型的教育設施，書籍的出版也明顯增多。大學和其他學校數目的增加乃歸功於貴族、富商或市政府的支持贊助。一般文化教育則以文法、藝術和人類學科為主。由於新教理念的激盪，刺激了神學和哲學的研究。在法學、歷史和經濟科學上也有傑出的學者出現。前往美洲的旅程，激勵地理學和製圖學的研究發展，並使得航海技術更加進步。

菲力普二世是位重視文化宣傳的君王。他設立的科學和數學學院，為當時重要的科學中心，他並在巴亞多里德創立歐洲第一間自然科學博物館，還建造了耶斯勾利亞圖書館、阿蘭乎也斯植物園以及希曼加斯檔案館。哥倫布的兒子費南度所創設的塞維亞哥倫布圖書館也有其重要性。而當時塞維亞的商務局是世界第一所地理中心。

西班牙文學在十六世紀上半葉吸取荷蘭伊拉斯莫斯天主教革新的觀念，其代表人物為巴爾德斯 (J. de Valdés) 和彼貝斯 (J. L. Vivés)。這時期也學習義大利的文學潮流和風格，模仿義大利詩的寫法，這潮流中最傑出的作家為玻斯坎（J. Boscán，約 1542 年）和拉貝卡（G. de la Vega，1503 ～ 1536 年），他們引進義大

圖 31：塞拉曼加大學正門

圖 32：耶斯勾利亞修道院　位於馬德里西北近郊，是西班牙文藝復興時期最主要的建築作品。菲力普二世為了紀念 1557 年聖根丁之役擊敗法軍，下令建造。整個建築包括一幢宏偉的皇宮、一間修道院、教堂和陵墓。自此，西班牙的國王們皆安葬於此處。其內也保存許多珍貴的名畫和雕刻品以及完整的宮廷內部擺設，讓我們可想像當時西班牙哈布斯堡皇室生活的情形。宮殿內的圖書館藏書達六萬本，並收藏五千份價值連城的中世紀手稿。於 1984 年被聯合國教科文組織列入世界文化遺產。

利詩韻特色，並採用義大利文藝復興作家佩脫拉克的題材。

十六世紀下半葉的抒情詩朝兩個方向發展：一是延續佩脫拉克的愛情和英雄題材，以華麗鮮豔的文字來表達，主要代表詩人是野雷拉（F. de Herrera，1534 ～ 1597 年），他屬於所謂的「塞維亞學派」；另一是以西元前一世紀左右拉丁詩人歐拉希歐 (Horacio) 為創作靈感，以適度性的文字和道德性題材為特徵，最具代表性的文人是雷翁（F. L. de León，1527 ～ 1591 年）。

至於宗教詩方面，也有兩位卓越的作家：聖德雷莎（Santa Teresa de Jesús，1515 ～ 1582 年）和聖若望（San Juan de la Cruz，1542 ～ 1591 年）。聖德雷莎出生於阿比拉，屬於改革派的卡門羅會，她的革新觀點導致宗教法庭對她提出起訴。《生命之書》(*Libro de la vida*) 和《創始之書》(*Libro de las fundaciones*) 是她的自傳性傑作。聖若望和聖德雷莎一樣，抱持改革教會的決心，之後也遭遇相同的命運，被追捕和監禁。《爬升卡門羅山》(*Subida al monte Carmelo*) 和《心靈的黑暗夜》(*Noche oscura del alma*) 是他的代表作。

在藝術方面，這時期西班牙的繪畫藝術深受拉斐爾的影響，在他的追隨者中，可列舉出若望樂斯 (Juan de Juanes) 所繪的〈最後晚餐〉和〈聖家〉，以及莫拉雷斯 (Luis Morales) 的宗教畫。到了十六世紀末葉時，出現了一位繪畫大師葛雷哥（El Greco，1541 ～ 1614 年），在他的畫中可看出文藝復興的重要風采和強烈的神祕寫實主義。〈歐卡斯伯爵的葬禮〉(*Entierro del Conde de Orgaz*) 和〈使徒〉等作品是他所繪的世界名畫。

基本上，西班牙文藝復興時期的建築並不完全依據義大利的建築形式，而是從「華麗哥德」轉變到「複雜花葉形」風格，只有後期才採用義大利文藝復興的古典形式，之後又轉向「矯飾風格」。「複雜花葉形」風格的代表作是塞拉曼加大學的正門和當地的聖也斯德曼修道院。而古典風格的代表作為托雷多城堡和格拉那達的卡洛斯一世皇宮等。事實上，卡洛斯一世皇宮的建築風格正是「矯飾風格」的開端。1563 年菲力普二世為了紀念聖根丁之役戰勝法國，下令在馬德里近郊建造耶斯勾利亞修道院。此修道院正是西班牙「矯飾風格」的建築代表，它結合雄偉和誇張式的風格，意圖表達神祕的色彩。

這時期西班牙的雕刻也並不完全依據義大利文藝復興的雕刻形式。正如建築，雕刻風格的演變也是從「華麗哥德」到文藝復興的形式。最具代表性的雕刻家為歐爾多尼斯 (B. Ordóñez)、雷望尼 (P. Leoni) 等人。在音樂上，西班牙文藝復興時期的宗教和傳統音樂，融合法、義等國的樂風格式，也有著重要的發展。

金銀手工藝術和珠寶藝術在文藝復興時期和整個十六世紀曾盛極一時，在教堂、皇宮和個人的裝飾手藝上可謂精湛，留下許多雅緻美妙的作品。同樣的，從十六世紀的教堂、宮殿的鐵柵上可觀賞到鐵柵的藝術價值。不過，鐵柵藝術和金銀手工藝術，在十七世紀時便沒落衰微。至於裝飾宮殿大廳的壁毯畫，這時期的作品大多是來自國外，少數是西班牙本土製造的。

第五節　十七世紀：隱藏危機的時代

菲力普二世於 1598 年去世，結束了所謂的「大哈布斯堡王朝」時期，開始「小哈布斯堡王朝」時期，即菲力普三世（1598～1621 年在位）、菲力普四世（1621～1665 年在位）和卡洛斯二世（1665～1700 年在位）在位時期。西班牙僅在一世紀的時間（從 1479 年卡斯提亞王國和亞拉岡王國合併到 1580 年葡萄牙加入西班牙王朝）稱霸歐洲，卻也僅在一世紀的時間（從 1598 年菲力普二世去世到 1700 年卡洛斯二世逝世）退為次等強國。這三位國王皆未盡到君主應盡的責任，他們將朝廷事務交給親信愛臣處理。在小哈布斯堡王朝時期，西班牙對外戰爭失敗的次數逐漸增加，西班牙統治的疆域也因而逐漸縮小。一般歷史學家稱十七世紀為西班牙政治、經濟的衰退時期，不過這時期卻是文化上的黃金世紀。

西班牙卡斯提亞王國和亞拉岡王國的合併，只是純粹王室之間的合併，不是真正國家的結合。雖然半島土地上擁有共同的國王（1581～1688 年，包括葡萄牙在內），但是每一邦國皆保有自己的行政機構、法令、貨幣和海關。西班牙的國會位於卡斯提亞，其他各邦國都設有一位總督，為西班牙國王的代表人。此外，還有一些會議團，負責不同專門的事務。其中最重要的是國務會議團 (Consejo de Estado)，負責外交事宜。不過，這些會議團都只是諮詢機構，國王才有真正的決定權。

在所有的邦國之中，卡斯提亞在人口、經濟和地理上皆占優勢，甚至於卡斯提亞語，也因此成為西班牙官方用語和文化上的溝通工具。半島上的其他邦國對卡斯提亞的中央主導權都不以為然，或者深感不滿。

十六世紀的歐洲戰事連連，加上海外殖民事業的龐大開銷，讓十七世紀的西班牙感受到它所帶來的強大後遺症。美洲的黃金流通至其他歐洲國家，引發西班牙的通貨膨脹，導致大多數的民眾，尤其是農民，苦不堪言。

一、「扶不起的阿斗」——菲力普三世

菲力普三世昏庸無能，愛好狩獵，篤信天主教。菲力普二世了解其子的個性，曾說：「天主賜給我這麼多的邦國來治理，卻沒有賜予我一位有能力統治這王朝的兒子，我害怕王朝將會由他人來治理。」

正如他所言，菲力普三世不理國政，將朝廷事務交給寵臣處理。之後的西班牙君王皆仿傚他的作法，將政權交給親信大臣，加速哈布斯堡王朝的衰微。菲力普三世將大權交給雷爾瑪(Lerma)公爵，但公爵只想斂財，因此盡其所能地貪污浪費，使得王朝聲譽一落千丈，國庫匱乏。

這時期在內政上最重要的決策是下令驅逐摩力斯哥人。摩力斯哥人和西班牙人民互不相容，兩族群之間長期存在著嚴重的緊張局勢。這政策的實施目的是為了維持宗教的「純正性」，以及確保社會的安寧。將近三十萬的摩力斯哥人被驅逐出境，這對西班牙的經濟危害甚巨，特別是在農業上。

另一方面，菲力普三世曾於 1601 ～ 1604 年間將首都遷往巴亞多里德。但是，雷爾瑪公爵禁不起馬德里人的懇求和賄賂，又將首都遷回馬德里。這趟來回遷都，造成政府不必要的花費。

雖然菲力普三世在位時期已可見經濟社會問題可能引起的危機，但是這段期間卻是西班牙內政、外交上的平穩期。其軍隊仍舊是歐洲最強盛的，來自美洲的金銀似乎能確保國庫的收入。1603 年英國女王伊利莎白一世去世，結束了長達二十年的英、西衝突，西班牙與繼任的英王詹姆斯一世 (James I) 建立友好關係。另一方面，從法王亨利四世被暗殺後，在法國境內掀起了一段混亂不安的局面。法國的內亂確保了西班牙哈布斯堡王朝在義大利和林 (Rin) 地區的占有權。同時，菲力普三世與法王路易十三之妹的婚姻，以及路易十三與菲力普三世之女的聯姻，更確保了兩國之間的同盟關係。而西班牙在低地國的戰役仍持續進行著，長期消耗著西班牙可觀的資源。直到 1609 年才簽定十二年的停戰協約，平息了長期的軍事衝突。這也顯示出西班牙王朝沒有能力以武力解決低地國聯合省的叛亂。

西班牙十七世紀初平靜無戰的日子只維持到 1618 年。1618 年中歐爆發三十年戰爭，菲力普三世身為哈布斯堡皇族的成員，以及天主教的守護者，當然不能置身事外。不過，在尚未提供軍事和金錢援助，以及對抗神聖羅馬帝國新教君王之前，菲力普三世即已去世，留下其子菲力普四世，去面對冗長又艱辛的戰役。

二、菲力普四世面臨的內憂外患

菲力普四世不同於其父。他雖然追求享樂，但卻是位有智慧的執政者，而且愛好藝術和文學。他在位時期是文化上黃金世紀的巔峰期。不過，他也將國政交給親信大臣處理。腐敗的官僚體系和複雜的歐洲外交政治，導致這時期面臨嚴重的危機。在他登基之後，便由俗稱「公伯爵」(Conde-duque) 的卡斯巴爾 (Gaspar de Guzmán) 掌政。理論上，公伯爵是國務會議團的一員，但實際上，他卻控制了整個行政事務，並派任其親朋好友擔任要職。他是十七世紀西班牙的首位行政首長。在社會、經濟不斷惡化的困

圖 33：年輕時的菲力普四世肖像　由委拉斯奎斯所繪。現藏於馬德里布拉多博物館。

圖 34：〈公伯爵〉肖像　由委拉斯奎斯所繪。現藏於馬德里布拉多博物館。

境中，他的專制作風，終究迫使他以失敗收場。

公伯爵決定統一西班牙境內邦國之間的立法和財政，企圖將權力收回中央和增加中央的收入。這事件引起許多的怨聲，尤其是半島北部加泰隆尼亞地區強烈的抗議。因為當地的工商活動密集，創造了勢力漸增的資產階級。另一方面，西班牙在 1635 年與法國掀起戰事後，即派兵駐守在加泰隆尼亞地區。駐守北方的西軍與當地居民不斷發生衝突暴力事件，終至演變成 1640 年聖體日巴塞隆納的民眾起而反叛，控制該城，以及謀殺總督。此乃流血的「聖體日事件」。叛亂蔓延迅速，並且由加泰隆尼亞的地方政府帶頭運動，宣示法王路易十三為加泰隆尼亞國王。直到歐

圖 35：1640 年巴塞隆納〈聖體日事件〉的暴動景像圖　由斯督依布洛斯 (Antoni Struch i Bros) 所繪。

洲三十年戰爭結束後（1648 年），西班牙人才於 1652 年進入巴塞隆納，收復加泰隆尼亞。為了表示願意彌補戰亂導致的傷痕，菲力普四世向當地民眾悔過，並宣誓遵守加泰隆尼亞王國的法令和優惠權。

葡萄牙方面，自從半世紀前歸屬西班牙統治後，對哈布斯堡王朝的排斥感並未減低，而當地的分離主義運動也很強烈。之前，葡萄牙總督經常違反法令行事，造成當地民眾的不滿。當葡萄牙併入西班牙王朝時，是在行政機構及當地政府完全獨立自治的基礎下形成的。公伯爵企圖以中央集權的政策來增加賦稅的舉動，同樣也引起葡萄牙人的反感，成為 1637 年冬天在葡萄牙南部嚴重叛亂衝突的導火線。趁著西軍忙於應付加泰隆尼亞的戰事，以及對外的一些戰役，里斯本的一些貴族聯合起來，驅逐女總督瑪格麗妲，並且推選領導叛亂的軍事領袖布拉崗沙 (Braganza) 公爵為約翰四世 (Joáo IV) 國王。葡萄牙國會在民眾的支持下，獲准通過這項脫離西班牙統治的議案，並與西班牙開戰，直到 1640 年才結束戰爭，獲得正式獨立。

另外，在西班牙哈布斯堡王朝統治下的義大利那不勒斯和西西里島，也發生社會動亂，伊比利半島上的一些城鎮，不滿公伯爵作風的抗議聲浪四起。最後公伯爵被迫放逐，不久便死於異鄉，由德阿諾 (L. de Haro) 接任。

除了內憂，西班牙的外患也是動搖王朝的因素。公伯爵一心想恢復西班牙在歐洲的霸權，因此放棄多年的和平政策，再度與法國對峙，並且在對抗神聖羅馬帝國新教徒的戰役中扮演重要的角色。另一方面，在 1621 年與荷蘭的十二年停戰協定到期後，雙方便再度掀起戰火。

1626 年英王查理一世與西班牙關係惡化，攻擊西班牙南部加地斯。雖然英國的攻擊行動失敗，卻對西班牙的海上貿易造成嚴重的損害。中歐三十年戰爭愈演愈烈，波及到大半歐洲，而西班牙軍隊在低地國和其本土內則轉變成防禦戰。1638 年法軍曾意圖由扶恩德拉米亞 (Fuenterrabía) 入侵半島，但被西軍阻擋反擊。數月後，西軍卻在英吉利海峽被荷蘭人擊潰，自此以後西軍戰敗頻傳。

西班牙經過二十年的對外戰爭和國內不斷的衝突事件，已呈現疲乏的狀態。最後在 1648 年簽署〈西發利亞和約〉，結束三十年戰爭，並承認低地國的獨立自主權（比利時和盧森堡當時仍屬於西班牙所有）。至於和法國戰爭，則尚未終止，還延續了十年左右。英國介入法、西戰爭，趁機占領牙買加，並打擊西班牙的海上貿易。最後，西班牙在 1659 年投降，簽訂〈庇里牛斯山和約〉，將臨近庇里牛斯山的羅森優和瑟達釀兩地區，以及低地國的一些城市割讓給法國。這些領土的損失並不算太大，但是此次戰敗卻象徵著西班牙在歐洲及殖民地世界長達一個世紀半的霸權結束。

三、復甦經濟但「無子命」的卡洛斯二世

菲力普四世的晚年在內疚自責中渡過。當他於 1665 年去世時，獨子卡洛斯二世才四歲便繼承西班牙王位，當時國庫空

虛，歐洲霸權轉移至法王路易十四的手中。由於卡洛斯二世正值年幼，無法問政，其母后瑪麗安娜 (Mariana) 遂將政務交給攝政團代理執政，真正權力則掌握在德國耶穌會教士勒德哈斯 (J. E. Neidharth) 手上。到了 1669 年，一群貴族發動政變，將勒德哈斯放逐，擁護新的執政官德瓦倫蘇也拉 (F. de Valenzuela) 上臺。德瓦倫蘇也拉旋即准許上階層的貴族恢復政治權（其政治權從天主教二王時期開始漸被摒除）。德瓦倫蘇也拉下臺後，由璜荷西掌權，他實施一些措施，但並未改善內政財務問題，因此逐漸失去軍隊、教會以及民眾對他的支持和信心。

菲力普四世時期的對外戰爭所引發的國勢危機，在卡洛斯二世的後半期逐漸有些改善。人口減少的現象，至少在靠海地區已被控制住；而農業生產力也漸增。另一方面，1680 年的錢幣改革也解除國庫匱乏的現象。加上一些貿易組織的成立有助於商業和經濟的成長。1682 年宣布實施〈實用貿易法令〉(*la Pragmática*)，准許貴族從事商業活動。在這之前，只有一般平民才能從事商業活動。以上這些措施都是讓國內景氣復甦所作的努力。相反地，在外交上卻一無進展。

基於〈庇里牛斯山和約〉，菲力普四世將與第一任王后所生的女兒瑪麗亞．德雷莎嫁給法王路易十四。和約中規定，若是瑪麗亞．德雷莎同父異母的弟弟卡洛斯去世無子嗣，那麼瑪麗亞．德雷莎願意放棄西班牙王位繼承權，不過，得向西班牙索取五十萬盾（escudo，盾是當時的貨幣單位）。然而，窮困的西班牙已付不起這筆巨款。路易十四藉機引用法蘭德斯的布拉萬德 (Brabante)

公爵領地的舊傳統規定：「父母的遺產應由第一次婚姻中所生的子女來繼承。」遂以其妻的名義，要求歸還低地國的法蘭德斯省分。法軍在 1667 年入侵占領此省和法蘭哥伯爵領地，結果西班牙慘敗，並波及到逐漸好轉的經濟景氣。馬德里國會被迫接受簽署〈阿基斯哥蘭和約〉(*Paz de Aquisgrán*)，將法蘭德斯割讓給法國，保留法蘭哥伯爵領地。

從此數年中，西班牙王朝已沒有能力收回失去的一切，但是依舊能融入歐洲列強圈內，與路易十四的霸權抗爭。1685 年西班牙加入哈布斯堡聯盟，與奧地利、荷蘭和瑞典為同一陣營。經過長年的戰役後，法國終於在 1697 年〈利斯衛克和約〉(*Paz de Ryswick*) 中，歸還西班牙在法蘭德斯的所有權，但這並不代表西班牙已恢復歐陸的霸權地位。事實上，這是法王的政治手腕，想於卡洛斯二世臨終前，爭取法國王室登上西班牙王位的權利。

第六節　十七世紀社會經濟的不平衡

十六世紀時伊比利半島人口增加，約有八百萬人，其中百分之八十的人口集中在卡斯提亞。到了十七世紀，一些不利的因素促使人口減少到七百萬人。當時的西班牙和歐洲大多數地區同樣面臨瘟疫的再度流行，導致死亡率增加，是人口減少的主因，例如：塞維亞在 1676 ～ 1685 年間的瘟疫流行期，有將近一半的市民因此喪生。農村人口減少、土地所有權制度及土地利用不良、稅收重、缺乏生產資本和技術，再加上後半葉氣候條件不佳，尤其是冷霜的災害，使得農作物收成漸少。季節性的飢荒更造成了死亡率的增加，以及迫使許多人口外移。另外，三十年戰爭以及和法國的衝突，不斷地迫使年輕士兵參戰，許多年輕人因此亡命戰場。同時，由於反宗教改革運動的精神激勵，以及經濟危機的影響，使得神職人員的數目增加，大大地降低了出生率。除此之外，人口減少還得歸咎於人口外移到美洲，以及 1609 ～ 1614 年間驅逐摩力斯哥人。

十七世紀西班牙的經濟受到哈布斯堡王朝君主所採取的外交政策影響甚大。這些君主試圖以統合天主教為基礎，在歐洲樹立霸權政治和哈布斯堡王朝的天主教帝國。這政策只考慮到王朝的利益，並沒有顧慮到人民的利益。這和當時歐洲的政治潮流背道而馳。英國、法國、荷蘭等歐洲國家紛紛在這時期建立起來，歐洲宗教的多元化（天主教和新教）更加明顯，並實施國內經濟保護政策。因此，哈布斯堡王朝這項政策正朝失敗的方向進行，導致國家破產，民不聊生。

對西班牙經濟具有著負面影響的另一因素是美洲金銀的大量引進，導致西班牙物價的上揚。西班牙將所有來自美洲的黃金用於償付歐洲進口的加工產品，並未用於建設國內的工業。在國內的投資都只是一些奢華的開支，像皇宮的建築、藝術作品等，因此未能振興經濟。在工業上，尤其是紡織業，也面臨極大的危機，這要歸因於和英、法兩國簽訂自由貿易條例，使西班牙工業必須與進口產品競爭。同樣地，貿易活動也受到經濟蕭條的影響。

西班牙國王被錢財所逼，將一些小鄉鎮販售給貴族。這些貴族的權力和財富因此增加，而卑微的平民在經濟和司法上，則得依附於貴族並受其操縱。皇室為了解決財務困境也向外國銀行借款，使得外債增加。另一種增加收入的方法是販售公職，結果造成行政貪瀆事件層出不窮。

這時期的社會階級不平等，貴族和教會享有免稅的特權，而一些富有的平民也藉由購買公職，來增加社會地位和享受免稅的權利，導致西班牙的經濟重擔逐漸落在最弱勢階層的民眾身上。因此，一些流浪者、乞丐和盜匪持續增加，危害社會安寧。

第七節　巴洛克文化：黃金世紀

三位菲力普國王統治下的西班牙，儘管在政治上一蹶不振，在文化上卻達到巔峰時期，被稱為「黃金世紀」。不過，這文化創造的炫耀期，卻受到強烈的意識型態所牽制。文藝復興精神曾在十六世紀前半葉的西班牙達到高峰，之後卻受到反宗教改革運動的壓制。哈布斯堡皇室們的集權政體皆受到特倫多宗教協議的天主教所左右。十六世紀後半葉及整個十七世紀，天主教的強大力量顯現在西班牙人各個生活層面中。西班牙是反改革運動的基地，宗教法庭負起維持天主教信仰的責任和思想的控制，一些作家曾經因此被追捕，如塞凡提斯（1547 ～ 1616 年）。出版的書籍也受到嚴格的審查，阻礙了科學的發展。大學機構也受到宗教法庭的控制，逐漸失去活力。

圖 36：塞凡提斯　與生於同時代的莎士比亞齊名，是西班牙在世界文學史上最負盛名的作家。

在文學方面，傾向於使用繁瑣、黑暗和強烈情感的文字；這時期也存在著以樸實和自然風格為特色的其他作品。巴洛克風格引進西班牙時，正值西班牙在歐洲的霸權宣告結束，以及西班牙面臨嚴重經濟危機的關鍵時代，因此，不論是在建築、繪畫或雕刻上，其華麗的裝飾、弧狀的形式，呈現出的動態美感，在在反映出當時西班牙社會富裕和衰微的兩面。

塞凡提斯是巴洛克文學的代表人物，也可以說是西班牙文化中最具世界性的人物，他創造了現代小說風格。經典名著《唐吉訶德》的第一部於 1605 年問世，第二部在 1615 年出版。塞凡提斯意圖在小說中，呈現騎士理想化和現實世界之間的衝突，反映出受嚴謹教條拘束的現實世界，已遠離中古騎士精神。塞凡提斯出生於 1547 年的阿爾卡拉，父親是外科醫生，從小與父親過著飄泊不定、經濟拮据的生活。他志願從軍，並曾參與雷半多之役，在返回西班牙的途中被伊斯蘭海盜所擒，五年後才被解救返國。他也曾因為積欠債務而進牢。最後於 1616 年死於馬德里。

這時期另一類型的文學為「流浪漢小說」。流浪漢小說是以自傳性方式，和經由一連串發生的事跡來敘說流浪漢的生活。在當時西班牙的城鎮裡到處可見流浪者的足跡。這類型的小說通常有其道德方面的背景存在。《引盲童》(*El Lazarillo de Tormes*) 是最著名的流浪漢小說之一，出版於 1554 年，其作者不詳。這部小說描述一位小孩的生活，他曾當過引盲童，作過神父的小助手和持盾牌的侍衛身旁的小隨從。透過一連串心酸的經驗，卑微的引盲童對生命提出自己的看法和結論。

圖 37：照片中的雕塑對象是《引盲童》小說中兩位主要人物《引盲童》是西班牙文學史上第一部流浪漢小說。

關於詩歌方面，這時期的詩以「綺麗文體」和「觀念文體」兩類為主。綺麗文體以使用黑暗性的文字為特色，並常引用拉丁語彙和優雅的詞句。宮哥拉（L. de Góngora，1561 ～ 1627 年）是綺麗文體的代表作家。而觀念文體的主要特點在於對觀念或想法的重視，以及在形式上的極力簡易化，並時常使用文字遊戲來連繫或對比兩個完全不同的觀點。葛貝多（F. de Quevedo，1580 ～ 1645 年）是觀念文體的忠誠追隨者。

至於戲曲，西班牙的喜劇劇本在十六世紀末萌芽，在黃金世紀達到成熟期。主要代表人物是貝卡（L. de Vega，1562 ～ 1635

年)。西班牙的喜劇劇本完全以詩句寫成，包括三幕，以主角的愛情關係來貫串全劇。其中交織著悲、喜，喜悅的成分由丑角來表達。題材通常以榮譽為主。貝卡是位多產的劇作家，創作超過一千五百部劇本，有一些成為西班牙戲曲的不朽名作。另一位偉大的劇作家是貝卡的門徒莫利納（T. de Molina，1584～1648年)，他在《塞維亞的嘲諷者》(*El Burlador de Sevilla*) 一書中，創造了流傳千古的「唐璜」(Don Juan) 的角色。除此之外，加爾德隆（P. Calderón de la Barca，1600 ～ 1681 年）也是貝卡的傳承人，《人生如夢》(*La vida es sueño*) 是他流傳後世的名著。

十七世紀巴洛克藝術與古典文藝復興風格成為對比潮流，它是反宗教改革運動基本的文化表達方式。在藝術方面，特別是在建築上，巴洛克風格以繁複、華麗的裝飾和強調宏偉富麗為特色，尤其表現在宗教建築上，格拉那達大教堂的正門為典型的代表。西班牙黃金世紀在造型藝術方面的大師級人物都是屬於巴洛克式的風格，如卡博內爾 (A. de Carbonell)、丘里格拉 (J. B. Churriguera) 和卡諾 (A. Cano) 等人。

十七世紀是西班牙在繪畫史上最重要的關鍵時期。其主要的繪畫特色是摒棄細節化，重視流暢不拘泥的畫風，偏好寫實畫，具強烈的觀念性和象徵性內容，傾向於採用當時反宗教改革精神的宗教題材。黃金世紀的繪畫藝術主要有三學派，以瓦倫西亞、塞維亞和馬德里三個城市為中心。

瓦倫西亞學派的代表畫家為黎巴爾大（F. Ribalta，1565 ～ 1628 年），〈最後晚餐〉為其寫實性名畫之一。除此之外，他也畫宗教性質的畫。黎巴爾大的門徒黎貝拉（J. de Ribera，1591～1652年），他在那不勒斯宮廷一舉成名，是另一位代表畫家。

蘇爾巴蘭（F. de Zurbarán，1598～1664年）是十七世紀前半葉塞維亞學派最傑出的畫家，他為教會完成許多寫實和充滿強烈神祕主義的畫。後半葉的代表畫家則屬莫利尤（B. E. Murillo，1671～1682年），他留下了許多不朽的宗教畫。

在西班牙繪畫史上和世界繪畫史上最著名的畫家之一——委拉斯奎斯（D. de S. Velázquez，1599～1648年）屬於馬德里學派，他是菲力普四世的宮廷畫家，完成許多宗教畫和皇室、貴族們的肖像畫，其中最有名的作品是〈仕女圖〉(*Las Meninas*)。

十六世紀時，音樂曾登峰造極一時；到了十七世紀逐漸式微。許多西班牙出類拔萃的作詞、作曲家的作品，在西班牙國內和國外皆享有盛名。現今西班牙典型的說唱劇「薩爾蘇夜拉」(zarzuela) 的唱法，也是在這時期萌芽發展出來的。在「薩爾蘇夜拉」說唱劇中，混合詩句和音樂，以輕鬆的方式唱出，通常是屬於民間說唱劇性質。〈無愛森林〉(*La Selva sin Amor*) 是第一首「薩爾蘇夜拉」說唱劇，為貝卡在1629年時所創作。

圖 38：委拉斯奎斯繪於 1656 年的〈仕女圖〉 是西班牙黃金世紀最負盛名的畫之一，也或許是委拉斯奎斯最具代表性的一幅畫。畫中呈現兩名年幼的宮廷仕女侍候菲力普四世最小女兒瑪格麗特公主的情景。畫中的焦點在小公主身上，背景呈現的是委拉斯奎斯在宮廷內的繪畫工作坊。畫中左邊是委拉斯奎斯本人作畫的樣子；右邊是兩位宮殿侏儒伴隨著一條獵犬；而盡頭可見一幅「畫中畫」，也是此畫家所繪，畫中為菲力普四世和王后瑪麗安娜。此幅畫最微妙之處在於委拉斯奎斯是面向一面鏡子畫出這整幅畫。整體而言，這幅畫的複雜性和光線的取捨，對其他歐洲畫家的許多作品深具影響力。現藏於馬德里布拉多博物館。

第七章 | *Chapter 7*

十八世紀：啟蒙時代

從現今的觀點來看，西班牙十八世紀是一個有進展和經濟成長的時期。新的波旁王朝的國王和大臣們皆極力地想復興國譽，引進新的政治和機構形式到西班牙，並基於歐洲啟蒙運動的原則來改革政風。大致說來，這些改革計畫的立意是好的。在經濟上，頒布有利於商業發展的法令，穩固農業生產、保護加工業和自由貿易是主要的三項措施。然而西班牙的改革浪潮只有少數的啟蒙學者支持，比不上法、英兩國在社會、經濟及文化上創新的前驅地位。

雖然西班牙王朝喪失了在本國以外的歐洲所有領土，但是仍然保有美洲龐大的殖民地，仍是十八世紀歐洲列強之一。依照法王路易十四的政治模式，西班牙波旁王朝發展出一套堅固的君主集權體制，也就是說，十八世紀的西班牙政府不是「人民」的政府，而是「國王」的政府。不過，依據皇室的解釋，它是為人民謀福祉的政府。雖然這時期的人民缺乏自由和民主，但是西班牙卻能在各方面有所進展，並從十七世紀的萎靡不振中站起來。

第一節　「改朝換代」：來自法國波旁王朝的菲力普五世

1696 年卡洛斯二世立下遺囑，將王位傳給巴伐利亞王國 (Baviera) 的荷西費南度。法王路易十四和奧皇雷歐波羅一世 (Leopolo I) 沒有分到羹，皆不服氣，因此歐洲列強彼此簽署了瓜分西班牙王朝的協議。1699 年，荷西費南度驟亡，造成路易十四之孫菲力普和雷歐波羅一世之子卡洛斯皇太子，為了繼承王位而針鋒相對。最後，卡洛斯二世立下遺囑，聲明菲力普為王位繼承人。1700 年 11 月卡洛斯二世去世，菲力普登基為菲力普五世。但是不久，法國的作風便引起英、荷及奧地利帝國的反感。歐洲列強畏懼法國可能控制西班牙龐大的帝國，遂聯合起來為奧地利皇儲卡洛斯爭取西班牙王位繼承權。1701 年在伊比利半島外展開王位繼承戰爭。從 1704 年，戰場便轉移至半島上。擁護奧皇儲的軍隊進駐葡萄牙（葡萄牙也是英國的同盟國），準備入侵西班牙。這時，英軍占領直布羅陀，將此地變為重要的軍事基地，控制經過大西洋和地中海的船隻。

西班牙境內的兩大邦國——卡斯提亞和亞拉岡，彼此不和睦，各持己見。卡斯提亞宣布支持菲力普，亞拉岡則承認奧皇儲為西班牙國王，於是爆發內戰。1706 年擁戴奧皇的軍隊獲勝，菲力普五世被迫放棄馬德里。隔年，法、西聯軍反敗為勝。最後，戰爭進入膠著狀態，而百姓則飽受飢餓和病痛之苦。雙方陣營因疲於戰事，遂於 1713 年簽署〈烏特勒支條約〉(*Tratado de Utrecht*)，承認菲力普五世為西班牙國王，但是菲力普五世（和其繼承人）得放棄法國王位繼承權。而奧地利王國則獲得西班牙在歐洲大部分領土（法蘭德斯、盧森堡、米蘭、那不勒斯和瑟達釀）作為賠償。英國方面，除了獲得直布羅陀和梅絡加島（Menorca，位於西班牙東部的外島）之外，還得到許多的保障和優惠，例如：英國能和美洲貿易，並從事販賣黑奴的交易活動，而無其他的競爭對手。雖然之後西班牙一直試圖透過各種外交管道想收回直布羅陀，但至今仍舊徒勞無功。而直布羅陀問題也經常是西、英之間衝突摩擦的起因。至於梅絡加島則於1802年歸還西班牙。

從〈烏特勒支條約〉簽訂後，西班牙喪失在義大利和法蘭德斯的占有權，這也代表著失去了它在歐洲大陸的霸權地位。不過，前兩世紀哈布斯堡王朝不斷發生戰爭衝突事件，尤其是和法國，卻隨之消聲匿跡。相反地，在幾乎整個十八世紀期間，法、西兩國聯合形成反英的同盟國。

菲力普五世和其幕僚們從不認為〈烏特勒支條約〉中所割讓的領土，特別是義大利，無法收回。菲力普五世的二度婚姻是和義大利公主伊莎貝爾結婚，他受到王后的影響甚大。王后希望其兩位兒子——卡洛斯和菲力普，能擁有義大利的王位（因為菲力普五世的另一個兒子費南度是第一任王后所生，為西班牙王位繼承人）。所以由當時政府舉足輕重的人物，也是王后的親信——義籍教士阿爾貝隆尼 (J. Alberoni) 一手主導發動對義大利具侵略性的外交政策。1717年西軍違反歐洲協定，占領瑟達釀；隔年又襲擊西西里島。因此，英、荷、奧，甚至法國，同聲反對並斥責西班牙的義大利政策。西班牙為了避免和歐洲列強對峙而引發戰爭，遂放棄收回這些義大利的島嶼。

然而，西班牙並不因此放棄收復所失去的一切。一方面，重整海上軍備，來保障殖民地的安全，另一方面，在 1727 年試圖收復直布羅陀，不幸失敗。最後，各國簽訂〈塞維亞協議〉尋得解決之道，在協議中西班牙放棄收復土地的主張，而伊莎貝爾的兩位兒子可以接收托斯卡納和義大利北部兩處小公爵領地。

從 1731 年開始，由於波蘭王位繼承戰爭，西、法簽署一連串的聯盟協議，劃定了十八世紀大半時間外交政策的方針。這兩個波旁王朝之間的「家族協議」保障了西班牙擁有歐陸第一霸權國的支持，讓西班牙對義大利的窺伺，以及之後在美洲和英國、葡萄牙的對立衝突，有堅強的後盾。

在第一次的「家族協議」之下，西軍重回義大利，攻擊奧軍。這次法、西聯合出擊獲勝。在 1738 年簽訂〈維也納和約〉，將那不勒斯王國和西西里島歸還菲力普五世的第三位兒子卡洛斯，但以義大利北方公爵領地為交換條件。菲力普五世在位的最後幾年所簽署的第二次「家族協議」(1743 年)，為的是在奧地利王位繼承戰中，共同對抗奧國女皇瑪麗亞．德雷莎。然而，西班牙境內加泰隆尼亞和亞拉岡兩處的叛亂事件，使得軍事衝突情勢更加複雜。兩地民眾為了保有當地的法令，站在奧地利的陣線，為奧地利敞開巴塞隆納港，讓奧軍得以進入西班牙，甚至到達首都馬德里。不過，菲力普五世的軍隊最終還是驅逐奧軍。大部分的歐洲國家很快地捲入這次戰火。最後，於 1748 年停戰，簽署〈阿基斯哥蘭和約〉。西班牙在和約中獲取微薄的義大利土地利益。

經過王位繼承戰後，西班牙王室版圖大為減少。不過，西班牙內部因為推動行政改革，在改革時期結束後，西班牙王朝反而呈現平和及戰後復甦狀態。然而，菲力普五世優柔寡斷的個性，以及定期性精神沮喪狀況，使他於1724年將王位讓給其長子路易一世。但是，這位年輕的國王在登基六個月後，便突然去世。於是，菲力普五世再度登上王位，其精神狀況更加地惡化。

第二節　費南度六世時期的改革重建

菲力普五世去世後，由費南度六世（1746～1759年在位）繼承王位。他如同其父一般的懶散、不理國政，將政權交給一群有能力的大臣。他在位期間，西班牙享受一段平和無戰的時期，執政者集中精力於國內的重建工作。恩塞納達(Ensenada)侯爵就是其中一位傑出的大臣。他繼續改革政風，意圖推動一套「單一稅法」的財政改革方案，但是未能實施。他將西班牙以省為單位來劃分，而多虧於地籍冊的製作，改善了稅收制度，使得國家財政明顯地復甦。另一方面，建設現代化的軍艦和改善海軍組織，為海軍注入新血。宗教方面則在1753年和教會簽訂協議，因為教會是唯一能威脅到君主集權主義的有力機構。依照國王至上論（指國王有權控制教會的論說），增加國王干涉教會事務的權力，教會承認國王有任命國家幾乎所有高層教會職位的權力。

第三節　卡洛斯三世的專制政治

費南度六世死後無子，由菲力普五世的另一位兒子卡洛斯三世（1759 ～ 1788 年在位）繼承王位。他為了當西班牙國王，放棄在義大利那不勒斯的王位。這位新國王將他在那不勒斯所實行的開明專制應用到西班牙。這套專制政體制度源自於啟蒙哲學家的理性主義和博愛主義的觀念。

菲力普五世時期推動的經濟改革和社會進步，延續到了卡洛斯三世，他勵精圖治，並延攬義大利和西班牙優秀的人才為部長，被推崇為十八世紀「最英明」的君主。其中最著名的部長是哥利瑪爾迪 (Grimaldi) 和黑斯齊拉契 (Esquilache) 侯爵。一些城市的社區規劃，特別是馬德里，是由他們開始。

卡洛斯三世不同於前兩位國王，他是位精力充沛、自發自願的君主。他自認為是國家權力的唯一泉源，不斷地參與政府的事務。然而，他好於改革的作風，卻與貴族和地方教士們相抵觸。另一方面，人民對於他任用外籍人士擔任高官相當不滿，再加上當時糧食的匱乏，終於引發一般民眾的抗議。一些貴族和耶穌會教士們，不滿政府下令禁止民眾在馬德里穿著長披風和寬翼式的帽子（這種傳統的穿著方式有利於歹徒隱藏），遂暗中鼓動民眾暴亂。在暴亂被壓制後，卡洛斯三世被迫接受民眾的要求，將黑斯齊拉契侯爵放逐，取消穿著禁令，降低糧食的價格。此次暴亂是自從王位繼承戰爭以來，西班牙內部社會震盪最嚴重的一次。之後，阿蘭達 (Aranda) 伯爵上臺，他平息內部的紛亂局面，並獲得國王的同意，於 1767 年將反改革派的耶穌會（被控與之前的暴亂事件有關）驅逐出西班牙。

一般而言，卡洛斯三世的改革沒有一套連貫性的計畫，皆是單獨性的政策。其改革方案也不具魄力，官僚體系辦事緩慢，加上一些社會階層對自身利益受到威脅所作的反駁，都導致改革成果不彰。

對外方面，卡洛斯三世結束中立態度，再度和法國聯盟，這時正是法國與英國、普魯士的七年戰爭期間。在 1761 年法、西簽訂第三次「家族協議」之後，西班牙便捲入與英國對峙的戰爭。卡洛斯三世的用意是想收復直布羅陀和梅絡加島兩地，並確保美洲殖民地的完整，維持在美洲殖民地的商業壟斷局勢。不料法、西聯軍敗北，簽定〈巴黎和約〉（1763 年），西班牙被迫將佛羅里達的殖民地割讓給英國，並給予貿易優惠，以及將沙葛拉門多 (Sacramento) 的殖民地（現今的烏拉圭）讓給葡萄牙。法國為了感謝西班牙的協助，遂將路易斯安那送給卡洛斯三世。

儘管這次戰爭失敗，法、西雙方仍舊維持「家族協議」，並延續到美國獨立戰爭（1776 ～ 1783 年）期間。法、西和美國為同一陣營。西軍在佛羅里達和路易斯安那，以及在整個大西洋海域路線擊敗英軍。最後，英國在〈巴黎和約〉（1783 年）中承認美國獨立。西班牙也收回梅絡加島、沙葛拉門多和佛羅里達的殖民地，而英國還是繼續保有直布羅陀。西、英雙方之後的關係也一直未獲得改善。

第四節　卡洛斯四世和自由革命

卡洛斯三世在1788年去世，由卡洛斯四世（1788～1808年在位）繼承王位。這一年是華盛頓當選美國第一任總統和法國大革命爆發的前一年。卡洛斯四世在位期間是啟蒙運動式微的時期。他缺乏政治遠見，一開始他讓佛羅里達布蘭加 (Floridablanca) 領導國務會議團。但是，法國大革命爆發時，卻激起由教會帶頭的傳統保守派的強烈反彈。佛氏遂採取壓制性的措施來避免自由觀念的傳播：監視居留西班牙的法國人、加強取締宗教禁書和革

圖39：卡洛斯四世的全家福畫　由哥雅所繪，卡洛斯四世的家族對拿破崙軍隊入侵西班牙，扮演關鍵性的角色。現藏於馬德里布拉多博物館。

命性廣告的宣傳。不過，當法王路易十六被處刑後，卡洛斯四世反革命的政策便大為收斂。但法國政府仍對這些壓制政策提出抗議，迫使佛氏於 1792 年 2 月下臺。

接著，由阿蘭達伯爵接任。他起初對革命採取較容忍的姿態，最後仍舊跟隨前者的政風。不過，他對法、英兩國採取的外交政策不當，再加上王后對他的不信任，遂迫使他在短短九個月的時間便下臺。

同年底，哥竇依 (M. Godoy) 上臺，旋即尋求傳統保守派的支持。但是為了應付政府龐大的開支，哥竇依便將教會的部分財產（土地和建築物）徵收公有，之後轉賣為私有。教會人士對他的怨恨自然不在話下。隔年 3 月，西班牙加入歐洲聯盟陣線，來對抗法國的國民議會。但是，西軍卻不堪一擊，法軍攻占加泰隆尼亞和巴斯克。哥竇依了解到自己的聲望逐漸低落，遂於 1795 年求和，將美洲聖多明哥島的東半部割讓給法國。儘管如此，卡洛斯四世依舊將這位愛臣封為「和平王子」。

自此哥竇依便改變其政治外交手腕，轉而與法國聯盟。法國的保守主義派和西班牙的自由溫和派較能合作。然而，與法國聯盟就意味著與英、葡唱反調。西、法雙方相繼於 1796 年和 1800 年簽署第一次和第二次〈聖依德豐索條約〉(*Tratado de San Ildefonso*)。在第一次條約中聲明共同對抗英國，西班牙就此捲入拿破崙的戰爭中。而在第二次條約中，西班牙將美洲的路易斯安那賣給法國。隔年，法、西兩國便向葡萄牙（英國的同盟國）宣戰。戰爭很快結束，葡萄牙求和，將接鄰西班牙的一處土地割讓給西班牙，並付給法國一筆龐大的賠償金，以及對英國關閉其港口。最後，1805 年，西、法聯軍在德拉法卡 (Trafalgar) 之役被英軍徹底擊敗。

第五節　十八世紀社會經濟的進展

「有人口就有財源」是當時的貿易觀念。為了迎頭趕上其他歐洲列強的經濟水準，就得有足夠的人口。於是十八世紀的西班牙政府從不同的層次，採取有效的措施來激勵人口的成長：鼓勵早婚、獎勵生育、開放移民至西班牙，以及改善衛生和醫療設備。由當時官方和教會的人口資料，清楚顯示出十八世紀的人口明顯地成長，儘管十七世紀末和十八世紀初的戰爭造成人口的流失。在 1717 ～ 1797 年之間，增加了幾乎三百萬人口，全國達到將近一千一百萬人，足足增加了百分之四十。這時期人口成長率稍低於北歐國家或英國，但是高於法國以及同於義大利。在十八世紀前半葉人口成長較快速（甚至於在十七世紀的某些地區就可以看出），後半葉就較緩慢，到了十八世紀末葉甚至有些減少。人口快速成長產生兩種現象：一是人口較集中於外圍海岸地區；二是城市人口的增加，如巴塞隆納和馬德里，人口超過十萬。這是現今西班牙人口分布定型的開始。

農業生產力的增加也是人口成長的重要因素。振興農業是波旁王朝最關切的一項。尤其是卡洛斯三世，他接納大臣們提出的改革建言，鼓勵農業生產者在土地上從事改良和投資事項，於是耕作面積的擴大、新農作物的引進、以及灌溉工程的增加，促使了農業生產力增加。而畜牧業活動也因此明顯增多。先進的農業政策也有助於農村社會的現代化。

在工業方面，儘管菲力普五世採取保護措施，來減少加工品的進口，但國內市場依然有限，阻礙了工業的擴展。在冶金業、食品業和紡織業上，則有明顯的進展。在貿易方面，1778 年的法令允許一些西班牙的主要港口和美洲直接從事貿易活動；國內貿易的發展和政府採行的有利措施，使得加泰隆尼亞的紡織生產大為增加。在卡洛斯三世在位時設立了第一間西班牙國家銀行——聖卡洛斯銀行。

十八世紀的社會並沒有多大的改變。社會階級和十七世紀一樣，分為四種主要的階層：貴族、教士、平民和弱勢的貧民。貴族經由土地的擴充來增添財富。當然，上流社會的貴族和一般較無權勢的貴族之間也有很大的差距。政府推動的政治和行政改革，對教士們並沒有多大的影響。他們和貴族一樣，依舊享有傳統上所給予的合法優惠權。不過，教會參與教育工作卻顯著的增多，也同時提高教會人士的文化水準。教會的財產數額甚巨，但是卻分配不均。大多數的財產集中在高階層的主教上，偏遠鄉村的教士們則生活條件惡劣。具有啟蒙思想的改革家企圖改善這情形，也有些作為，但還是不如所願。

第三類階層為平民，占了百分之九十的人口，其中，農人占了將近百分之九十。階層之間的差異甚大。在加泰隆尼亞和巴斯克，農民的經濟情況勝於其他較貧窮地區的農民。另外，平民中有百分之十居住在城市，從事不同的行業和活動。這群人的經濟能力也相差極大，大多數人生活困苦。1766 年民眾起而暴亂對抗卡洛斯三世，原因之一就是民不聊生。

第六節　啟蒙文化的傳播

啟蒙運動是十八世紀歐洲的文化運動，最早源自於十七世紀的理性主義和經驗主義兩股哲學潮流。在十八世紀後半葉，這些啟蒙思潮經由法國的哲學和科學著作傳至西班牙。然而，在西班牙啟蒙思想並沒有像在法國一樣地具有威力，只有接近王室的政治圈較受影響，特別是卡洛斯三世在位時期。

十八世紀前期，西班牙的學術文化缺乏活力，對外來的事務毫無興趣。書籍的品質大多低劣，且很少進口書籍。大學受到教會體制的壓制，缺乏創新。教會持續壟斷文化，壓抑科技的引進，甚至於取消和禁止一般世俗性、非宗教性的戲劇演出。不過，在卡洛斯三世在位之前，啟蒙運動的觀念就開始以溫和的方式擴散。這觀念的最佳傳播工具是成立於許多城市的「國家友人經濟協會」，目的是推動文化和經濟改革。另外，報紙也有助於啟蒙觀念的發展，如《思想家報》。當時在歐洲流行的新哲理傳入西班牙，給予執政者和知識分子一些啟示。

在大學之外，也出現一些文化中心。菲力普五世設立「皇家語言學院」、「皇家歷史學院」，以及「皇家圖書館」，之後改名為「國家圖書館」。費南度六世則成立「皇家美術學院」。

卡洛斯三世在位時，大臣們的正面性態度也有利於啟蒙運動的推動，特別是對大學教育的改革。1769 年歐拉彌德 (Olavide) 方案經由國王審核通過，為的是肅清教會在大學教育體制中的勢力和對教育的壟斷，將科學性的科目納入大學教育大綱中。進而准許某些程度的自由思想觀念，創辦新的教育機構。而卡斯提亞會議團已部分性地支持這項政策的進行，遂於 1770 年成立物理和數學兩門學科的講堂，為未來緩慢的教育制度改革奠定基礎。到了十八世紀末，西班牙已擁有一群具學識的人士。對於科學方面的興趣，反映在植物園和天文臺的建設，或是資助美洲和太平洋的探險活動。

在文學方面，瓦爾德斯（J. M. Valdés，1754 ～ 1817 年）和百火（N. Á. Cienfuegos，1764 ～ 1809 年）是這時代兩位卓越的詩人。在戲劇方面，莫拉定（L. F. de Moratín，1760 ～ 1828 年）為現代喜劇的創始人，是新古典風格最重要的劇作家；另一位傑出的劇作家是德拉庫斯（R. de la Cruz，1731 ～ 1794 年），他是塞凡提斯戲劇風格的追隨者，創作了無數民間性質的「單幕短篇笑劇」(sainetes)。在小說領域，以比亞羅野（D. T. Villarroel，1693 ～ 1770 年）的流浪漢自傳文體為代表。不過，這時期在文學上最重要的兩位人物是思想家費以候（B. J. Feijóo，1676 ～ 1764 年）和候貝雅諾斯（G. M. de Jovellanos，1744 ～ 1811 年），他們藉由配合啟蒙運動的觀念和新古典文學風格，以清晰扼要的文風取勝，摒棄巴洛克繁複和感性的風格。

在藝術創造方面，巴洛克風格仍繼續在十八世紀前半葉占有重要的地位；不過，洛可可和新古典主義等其他的藝術潮流很快地迎頭趕上。洛可可風格在西班牙並沒有獲得很大的回響，相反地，新古典主義在十八世紀後半葉卻在西班牙得到定位和認同，並在藝術上創造一些卓越的作品，尤其是在卡洛斯三世時期可以說達到高峰。

這時期的建築以馬德里皇宮和離首都不遠的格蘭赫皇室夏宮 (Palacio de la Granja)，以及聞名國際的馬德里布拉多博物館最為著名。前兩者是屬於巴洛克風格；後者為新古典風格的建築巨作。

當時在西班牙的繪畫大師大多是外國籍。到了十八世紀中葉才出現一位西班牙本土的繪畫巨匠哥雅（F. J. de Goya，1746～1828 年），他是卡洛斯四世和費南度七世的宮廷畫家。哥雅畫技精湛，能透視和掌握繪畫對象的心靈與想法，〈1808 年 5 月 3 日槍決圖〉是其不朽的作品之一。

最後，值得一提的是在音樂方面的發展。十八世紀是吉他的再生期。吉他是源自阿拉伯的一種樂器，盛行於十三～十五世紀之間的卡斯提亞宮廷，但是在天主教二王時期曾一度沒落，被稱為「彼威拉」(vihuela) 的類似樂器所取代。不過，民間並不曾放棄對吉他的喜好。隨之興起的是小提琴，與吉他互爭高下。另一方面，宮廷對歌劇的喜好也擴展到民間。在民間和宮廷的表演上都可看出受到義大利音樂的影響。義大利樂風在西班牙的歌劇上大放異彩，與本土的「薩爾蘇夜拉」說唱劇齊名。

第八章 | *Chapter 8*

從專制政體的建立到1898年的危機

第一節　舊政體的政治危機

十九世紀表現出很特殊的特質，戰爭、革命和改朝換代使得這時期的西班牙社會極度的動盪不安。當然，這種種歷史的改變都有其來龍去脈。

一、獨立戰爭的始末：團結抗法

1806年，西、法兩國簽訂〈楓丹白露協議〉，讓法軍得以進入西班牙，再經由西班牙入侵英國的同盟國葡萄牙。這次的西、法協議只是拿破崙設置的陷阱。1808年法軍長驅直入馬德里，占領西班牙首都。這時國王、王室和哥竇依躲藏至馬德里近郊阿蘭乎也斯，在當地掀起一場民眾和士兵聯合的暴動。哥竇依被捕，卡洛斯四世被迫退位給其子費南度。這是舊政體危機的開始。同年5月2日，馬德里民情激憤，起而反抗法軍失敗，是為「5月

圖 40：哥雅所繪的〈1808 年 5 月 3 日槍決圖〉 現藏於馬德里布拉多博物館。

2 日事件」。這時法軍已占據馬德里，於是在 1808 年揭開西班牙獨立戰爭的序幕。不過，隔天起義民眾被槍決的一幕情景，被哥雅捕捉入畫，成為一件不朽的藝術作品。

卡洛斯四世和其子費南度將王位退讓給拿破崙。這時在西班牙數地成立「省政委員會」(Juntas Provinciales)，負責中央政府機構以外的事務；隨後即建立「中央委員會」(Juntas Central)。在一個真正革命的過程中，民權取代了君權。不過，之後拿破崙決定任命其弟約瑟夫為西班牙國王，並建立憲法。中央委員會和政府的中央機構都承認約瑟夫一世為西班牙國王。不過，省政委員會則組織「戰爭委員會」，以費南度七世之名來號召對抗「入侵者國王」。這時約瑟夫已在馬德里建立其王國，並開始依據《巴憂納 (Bayona) 憲法》（此憲章是參照法國憲章所制定）統治西班牙，也獲得親法分子的支持。

除了加地斯之外，法軍幾乎占領整個西班牙。西班牙人民只好在各地組成游擊隊反抗，破壞敵人的通訊系統。另一方面，在西班牙獨立地區的中央委員會，其內部成員之間意見不合，使得聲譽大為低落。遂於 1810 年元月在加地斯，由十位成員組成的攝政會取代。

在加地斯，革命的思想越趨強烈。攝政會的委員們不只商討戰略，並且召開國會，選出國會代表。國會由傳統保守派（反對改變任何政治社會制度）、溫和改革派（主張部分性改革）和自由改革派（以革命的法國為模式，企圖摧毀舊體制）組成。首先，於 1812 年 3 月頒布憲法，為西班牙第一部明文制定的憲章，也為當時最民主進步的憲章，對義大利、葡萄牙和希臘等國有深遠的影響。在社會層面上，國會也試圖廢除舊體制下的社會結構：取消階級不平等制度，廢除宗教法庭，縮減教會的權力，以及聲明並非貴族才能擔任某些職務。在經濟上，則採取自由化政策：農產品貿易自由化、廢除手工業公會，以及宣布勞工聘用自由化。

當這些自由改革派在加地斯努力實現他們的自由觀點的同時，在西班牙的其他地區卻仍戰火連連。由威靈頓 (Wellington) 公爵帶領的英軍，從葡萄牙進入西班牙，與攝政會組成的軍隊會師，共同對抗法軍。1812 年拿破崙由於在俄國失利，迫使他將半島部分軍隊調離至俄國援助作戰。趁這天時、地利、人和的機會，西、英聯軍大舉前進。於是約瑟夫一世被迫倉皇逃離馬德里。1813 年 6 月法軍遭到致命一擊，許多親法分子也隨之逃離西班牙。這些親法分子皆曾支持理性改革主張。翌年，拿破崙便戰敗投降。

二、費南度七世翻「舊帳」

1814 年 3 月費南度七世光榮歸國。但他卻急於廢除憲法和重建舊體制（恢復卡斯提亞會議團和宗教法庭）。除了費南度七世本身對自由主義觀點的排斥外，他也明白這些自由觀點並沒有滲透於人民之間。另一方面，反革命分子和激進派教會人士正處心積慮地想推翻加地斯國會所採行的一切改革事宜。在六年戰爭（1814 ～ 1820 年）的破壞下，集權政體的復辟導致西班牙的社會更加分裂，開啟長達一世紀的內亂和軍人政變，即所謂「宣告」(Pronunciamientos) 的局勢。

在十九世紀初，自由改革派仍為少數，存在於中產階級，較進取的人士，以及正統的軍事官階之間。而國王的返朝問政和追捕壓制具自由觀念的人士，迫使這些自由改革派分子在 1814 ～ 1820 年間，發起數次的軍事政變，但皆被嚴厲地鎮壓下來，並未能在民眾之間引起共鳴。相反地，傳統保守派有王室和大多數貴族、教士的支持，因此在西班牙北部和卡斯提亞南部等地區的鄉村之間勢力漸增。

到了 1820 年，西班牙在其殖民地帝國陷入防禦戰中，戰爭的消耗更使得西班牙的經濟情形惡化。當時在西班牙南部，由黎野哥 (Riego) 將軍領導的一支軍隊，正等候前往美洲支援作戰，卻轉而發起軍事政變，前往首都馬德里。國王眼看著無法制止他們前進，便無奈地接受宣誓效忠 1812 年的《加地斯憲法》，並召開國會，建立自由體制。但是君主議會體制只維持三年。這時期大致可分為三個階段。

第一階段：1820 年 3 月～ 9 月，自由派人士在國會和政府實施溫和式改革政策。廢除宗教法庭，發表自由宣言（尤其是出版自由），以及廢除耶穌教會。這階段的另一特色是政局穩定。

第二階段：1820 年 9 月～ 1822 年 7 月，有保皇派和自由派的區分。自由派又分為溫和自由派和激進自由派。不只這些派系之間形成對立，在溫和派內閣和國王之間也相互對峙。由於這些對立局勢，造成一些地下祕密組織等活動的進行，破壞社會秩序。由於社會和經濟的紛亂，以及一些自由派首長試圖實施的改革措施，引起一般民眾的不滿。

第三階段：1822 年 7 月～ 1823 年 9 月，情勢更加惡劣。一來因為各派系的意見分歧更為激烈，二來因為執政的激進自由派的無能，三來因為從 1822 年中期以來，形成的內戰局勢（保皇派決心結束憲政體制，使用游擊戰武力方式，來對抗自由派人士）。不過，這三個因素都不是導致這段三年憲法期結束的要素，而是「聖路易之十萬子民」的法國軍隊，在安古勒瑪 (Angulema) 公爵的領導下，於 1823 年 4 月進入西班牙，同年 10 月再度授予費南度七世絕對的君權。

從 1823 年起，政府相繼設立一些機構和頒布一些法令來改善社會、經濟問題。例如：1824 年設立部長會議團和警政署；教育改革（大學 1824 年、小學 1825 年、人文學院 1826 年）；1827 年成立藝術學校；1829 年制定貿易法令；1830 年設立聖費南度銀行；首次工業博覽會的舉行；首次〈礦業法〉的頒行，以及 1830 年成立馬德里股票市場。經濟稍微復甦，但不足以完全解決困境。

在政治上卻沒有改善。這十年間（1823 ～ 1833 年）對反對分子的鎮壓行動更加激烈，許多自由派人士被處死或流亡國外。溫和黨（由溫和自由派和親法派組成）執政時，保皇黨主導了一連串的武力暴動事件。而自由派人士也以牙還牙，與一些祕密組織勾結，從事一些反保皇派的暴力活動。

這時期也產生王位繼承問題，尤其是自從費南度七世在第三任妻子去世後，於 1829 年與那不勒斯的瑪麗亞．克麗斯丁娜 (María Cristina) 聯姻，使得政局更加不穩定，情勢愈演愈烈。其理由在於，如果在這婚姻中產生了後代，那麼卡洛斯王子（國王幼弟）就無法繼承王位，而改革派人士從 1827 年之後，都將希望寄放在卡洛斯王子身上。

1830 年 3 月，當王后懷有身孕時，費南度七世頒布新法令，同意女性有權繼承王位。這變更了自菲力普五世於 1713 年所頒行的王位繼承法案。因此卡洛斯王子繼承王位的可能性也消失了。不可避免地，這立即引發一連串的抗議聲浪。而在伊莎貝爾公主誕生時，局勢更加混亂。西班牙人分成擁戴卡洛斯王子（卡派）和擁護伊莎貝爾公主（伊派，大多數為溫和自由派）兩派。

第二節　崩潰中的殖民帝國：美洲的陸續獨立

西班牙獨立戰爭一結束，便面臨美洲殖民地的反抗紛亂。美洲殖民地在十八世紀期間，版圖擴張，經濟蓬勃起飛。趁法軍入境西班牙之際，設在美洲的四個總督國相繼成立政府委員會❶。在 1814 ～ 1815 年間從西班牙遠至美洲支援的軍隊，得以鎮壓大多數的叛亂。然而，費南度七世上臺後採取的集權體制，再度掀起叛變暴動，獨立運動如火如荼地展開。在 1826 年，除了古巴和波多黎各之外，所有隸屬於西班牙的美洲領土皆相繼獨立。

至於獨立的浪潮可歸咎於內部和外來的因素。在內部方面：

1. 生長於美洲的西班牙後裔，凝聚成富庶的階層，他們以剝削當地土著致富，對於西班牙的統治以及對商業、經濟的控制，漸感不滿。
2. 宗教法庭對某類書籍的嚴厲審查，法國啟蒙學者如盧梭等人的書籍皆遭禁止，只能以非法走私的方式獲得。

---

❶ 美洲的四個總督國指的是：(1) 新西班牙或墨西哥：管轄墨西哥、中美洲、西印度群島、委內瑞拉和菲律賓地區。(2) 秘魯：管轄所有南美地區事務，除了巴西以外。(3) 新格拉那達：管轄哥倫比亞、巴拿馬和厄瓜多地區。(4) 拉布拉塔 (La Plata)，亦稱布宜諾斯艾利斯：管轄阿根廷事務。

3. 驅逐耶穌會教士在拉丁美洲引起相當的不滿和震撼，美洲地區的教會更是嚴厲地批評西班牙王朝的專制。

外來的因素則為：

1. 許多西班牙後裔在歐洲受教育，深受啟蒙思想的薰陶，抱持著自由主義的觀點，因此立即助長整個美洲的獨立運動。
2. 受到 1776 年美國獨立的激勵。
3. 受到 1789 年法國大革命的影響。
4. 西班牙王朝的衰微。
5. 法軍入侵半島更加速獨立的腳步。

西班牙美洲殖民地的獨立戰爭可分為兩個階段。第一階段是從 1808 年到 1815 年，除了阿根廷和巴拉圭成為獨立的國家之外，其他殖民地區的獨立叛亂皆被西班牙所鎮壓平息；第二階段是在 1815 年和 1826 年之間，殖民地的革命分子起義成功，脫離西班牙的統治，建立獨立自主的國家。

第一階段：墨西哥的伊大爾哥 (Hidalgo) 和莫雷洛斯 (Morelos) 兩位神父領導起義失敗，成為革命烈士。同樣地，在秘魯總督阿巴斯卡爾 (Abascal) 的奮力鎮壓下，厄瓜多爾、智利和委內瑞拉的起義事件皆告失敗。阿根廷是第一個在首次起義革命便成功，獲得獨立的國家（1810 年）。由聖馬爾丁 (J. San Martín) 將軍於 1816 年在杜寧曼 (Tucumán) 國會宣告成立自主國。

第二階段：在費南度七世時期，美洲獨立運動持續地進行，而西班牙政府已無力平息這一波波的獨立浪潮。除此之外，西班牙的自由派人士也支持美洲起義反叛，甚至於利用準備前往殖民地對抗鎮壓叛亂的軍隊，在西班牙境內起義叛變，對抗君主集權體制。

墨西哥在伊杜爾畢德 (A. de Itúrbide) 的統領之下獲得獨立，之後他宣告成為墨西哥皇帝；但是他不久被槍決，墨西哥則建立聯邦共和國。中美洲也獲得獨立，建立中美洲聯合省。後來各省逐次地脫離自主，直到形成今天的一些國家。烏拉圭在 1813 年獲得獨立，之後受制於巴西的統治；但是，後來藉由阿根廷的援助而爭取到自主獨立。

美洲獨立的真正英雄是玻利瓦 (S. Bolívar) 和聖馬爾丁。玻利瓦被尊稱為「自由烈士」，相繼在柏雅卡和卡拉坡坡兩戰役中獲得決定性的勝利，促成哥倫比亞和委內瑞拉的獨立。另外，在蘇葛雷 (Sucre) 將軍的支援下，到達基多，爭取到厄瓜多爾的獨立。

另一方面，阿根廷將軍聖馬爾丁則領導美洲南方地區的作戰，穿越安地斯山，在加卡布哥之役出奇制勝，讓智利獲得獨立。這時，西班牙最後的美洲堡壘秘魯總督國，則受到來自北方玻利瓦軍隊和來自南方聖馬爾丁軍隊的南北夾攻襲擊，最後在 1821 年，利馬落入聖馬爾丁的手中。而西班牙人持續抵抗了三年，直到 1824 年在湖濘 (Junín) 和阿雅辜丘 (Ayacucho) 兩處戰役中被徹底擊潰。另一方面，這時期由於拿破崙入侵葡萄牙，使得巴西幾乎沒有抗戰地脫離葡萄牙的統治。

第三節　自由政體的萌芽發展

儘管卡派人士以及其他內部的反對聲浪（第一次卡洛斯戰爭，1833～1840年；從1846年以來的暴亂局面），西班牙的自由政體在費南度七世病重時（1832～1833年）萌生建立，延續至整個伊莎貝爾二世（1833～1868年在位）在位時期。

這新政體不同於舊政體之處在於行政組織的革新，合乎當時的歐洲潮流。表面上，西班牙自由政體以維護人民權益的姿態萌生，但事實上卻是反民主，維護少數人權益的政體。只有貴族和資產階級有權參選國會代表。

伊莎貝爾二世在位時期的政府是由軍人、富豪（地主、貴族和資產階級的商人）以及知識分子（尤其是律師）所組成。這和舊政體比較，唯一被排擠在外的是教會人士。教會財產被徵收，而天主教教律也受到自由主義的抨擊。

主張擁護卡洛斯的「卡派主義」萌生於1830年所頒布的王位繼承法令，以及維護保皇主義的理念。卡洛斯於1833年宣布繼承王位，引發幾乎各省分不滿分子的暴亂事件。這些不滿人士是為了維護自由主義的理念和君主制憲體制而戰。暴亂之初，由於卡派人數多，占優勢，再加上卓越將領領導有方，故捷訊頻傳。但好景不常，1833～1835年的光榮階段遂由自由派取代。原因是，自1836年開始，一方面，教會財產徵收公有的所得足以支付和重新組織自由派軍隊；另一方面，法、英、葡給予自由派政府決定性的贊助。1837年卡派曾一度逼進至馬德里城門口。

但是 1839 年其首領瑪洛多 (Maroto) 被迫和伊派戰勝將領耶斯巴德洛 (Espartero) 簽署停戰協議。儘管另一位卡派將領卡布雷拉 (Cabrera) 仍持續在加泰隆尼亞奮鬥爭戰，這場卡洛斯戰爭已經告一段落。

1832 年 9 月費南度七世病危時，撤銷不受歡迎的新王位繼承法令。然而，這項法令撤銷案卻因擁戴伊莎貝爾人士主導的政變，而未能正式頒布。這場政變迫使內閣更換。這時，瑪麗亞·克麗斯丁娜負起攝政的職權。新政府在她攝政的時期（1833 ～ 1843 年），試圖瓦解專制的君主集權體制，進而鞏固新政體。她採取三項重要的措施：1. 頒布大赦，讓許多移民國外的自由主義人士能歸國，和政府重修舊好，並組織自由溫和的政黨，維護公主的利益；2. 企圖瓦解卡派人士的組織；3. 在國會讓伊莎貝爾宣誓成為王位繼承人。卡洛斯由於不承認這項宣讀，被放逐至葡萄牙。這時，舊政體轉型為新政體就已大致定型了。

溫和自由派自 1832 年執政，於 1834 年頒布一套〈皇家法令〉，建立議會制政府制度。但是對於議會制政府的建立，一般自由主義人士相當的不滿。於是逼迫在位的前、後兩位政府首長下臺，直到 1835 年門迪沙巴爾 (Mendizábal) 上臺，由激進自由派執政直到 1843 年。

內戰結束後，耶斯巴德洛將軍成為家喻戶曉的人物。激進派分子認定他為領袖，而他也藉機成為政府首相，以及於 1840 年替代瑪麗亞·克麗斯丁娜成為攝政者。這舉動引起溫和派的強烈反彈，並開啟暴亂局面。耶斯巴德洛將軍決定根除這些叛亂場面，於是廢除憲法，建立專制體制，但叛亂局勢仍在各地蔓延。最後，為了化解這些混亂的局勢，溫和派和激進派達成共識，於1843年7月雙方將領共同起義叛變，逼迫攝政者逃往英國。這時伊莎貝爾只有十三歲，遂負起國家元首的責任。在這十年的攝政期，西班牙經歷了十八次內閣重組，三次憲法修訂，以及一次內戰。

溫和派將領納爾巴野斯 (Narváez) 在1843年領導政變成功，建立溫和派政府（1844～1854年）。1845年修訂憲法，明言規定以國家主權的自由主義原則，來建立君主和國會並存的統治權。而國會中的下議會議員是由納稅人選舉產生，上議會議員則由女王任命。另一方面，由志願人民所組成，效忠於自由體制的國民兵隊，由受過軍事訓練、有效率的警察團隊所替代，亦即現今的民防隊。這支隊伍是由溫和派理念觀點的將領所指揮。除此之外，溫和派時期在立法、教育、財政等方面都有明顯的進展。這得歸功於慕利猶 (B. Murillo) 的幣制改革（西幣 peseta 由此誕生），有效地化解國庫危機。

圖41：伊莎貝爾二世肖像　現藏於桑坦德市府美術館。

慕利猶並積極地從事公共建設，包括首段鐵路的建造。在外交方面，與原本拒絕承認伊莎貝爾二世君權的教會，簽訂協議，讓教會掌控教育，並保證不允許其他異教的存在。

溫和派政府以嚴厲的政策來壓制反對黨派，限制公共自由權。納爾巴野斯建立一個真正的個人獨裁政體，讓一些企圖革命的人士有心無力。溫和政府能連續執政十年，這在當時的西班牙是不尋常的事。沒有反對黨的力量來制衡，溫和黨最終還是利慾薰心，步上貪污之途。最後，於 1854 年由激進派領導軍事政變成功。

卡洛斯的兒子蒙特摩林 (Montemolín) 伯爵在 1846 年和 1849 年之間，再度掀起卡派主義的活動，特別是在加泰隆尼亞。但是因為其本身內部的分裂、戰略的錯誤以及政府的鎮壓，而結束這場爭戰，為第二次卡洛斯戰爭。

之後，伊莎貝爾女王任命耶斯巴德洛組織內閣。激進派政府（1854 ～ 1856 年）意圖將憲法修改得更民主，以及繼續將教會財產徵收公有，但卻遭到女王和保守派人士的強烈反對。另一方面，西班牙境內一些地區的工人和農民，因經濟情況惡劣，起而叛亂。最後，激進派內閣只維持兩年便解散。

伊莎貝爾女王遂任命自由聯合派領袖歐東內爾 (L. O’Donnell) 將軍為內閣首長。自由聯合派試圖採取中庸政策，擷取溫和派和激進派之精華，穩定議會體制。歐東內爾在位五年（1858 ～ 1863 年），成績斐然。經濟進展快速，為現代資本主義制度奠立基礎。他的對外政策活躍：與摩洛哥、秘魯和智利開戰；法、西聯合遠征隊前往墨西哥和越南。而也正是遠征墨西哥導致內閣危機，使得自由聯合派下臺。

伊莎貝爾女王再度選擇溫和派組織內閣。伊莎貝爾女王的私生活不檢點，導致聲譽日趨低落。1866 年的世界經濟危機，嚴重影響到西班牙的工商業，也伴隨著政治社會的動盪不安。貪污事件逐一被揭發，工廠失業率增加，工人們目睹日趨惡劣的生活條件，於是透過工會組織（被政府禁止成立）從事抗議活動。城市無產階級起而對抗溫和派政府，而後者則以軍事專制體制的鎮壓方式反擊。另一方面，在野黨中不同的黨派也聯盟起來，共同推動革命運動。而納爾巴野斯是唯一有能力穩定政局的人，卻死於 1868 年春天。於是同年 9 月，在野聯盟便起義革命。伊莎貝爾女王棄位，黯然逃至法國。

第四節　革命與復辟

一、臨時政府和六年民主之治（1868 ～ 1874 年）

在 1868 年所謂的「光榮革命」成功後，其領導的將領們組織臨時政府，由瑟拉洛 (Serrano) 為首，召開國會，擬定民主式內容的憲法草案。儘管共和民主黨的反對，仍維持君主體制和兩院制議會，但開啟男性公民投票權，且保障大多數人民的自由權，如宗教自由權。另一方面，在各地的鄉市政府也建立民主化的程序。

在尚未決定由誰來繼承王位之際，瑟拉洛將政府總理的職務交付給激進派將領柏霖 (Prim)，而他自己則擔負起攝政者的角色。柏霖開始尋找適合勝任西班牙王位的繼承者，但這繼承者不可以是波旁王朝的王室家族成員。尋覓繼承人之事，甚至引發普、法之戰。最後，看上了義大利國王之子阿瑪德歐 (Amadeo de Saboya)，並於 1870 年 12 月由西班牙國會封為西班牙國王。當新國王踏上西班牙土地時，才得知不久前，柏霖在馬德里遇害。

1868 年古巴叛亂開始，古巴、波多黎各以及亞洲的菲律賓，是西班牙所剩不多的海外殖民地。這些島上的蔗糖、咖啡和菸草對西班牙的貿易具有很大的商業利益，同時這些殖民地也是西班牙產品的市場。菲律賓和波多黎各的獨立運動被壓制下來。不過，古巴的情形就不一樣。意圖授予自治權和取消奴隸制度的改革皆告失敗。而美國對古巴的窺伺，使得局勢更加複雜。

二、有心無力的阿瑪德歐一世

阿瑪德歐一世尊重憲法，有心改善政局。但是當時的西班牙政局混亂，很難以和平的方式發展民主政體。卡派人士再度以武力叛亂，爭取卡洛斯為王位繼承人，揭開了第三次卡洛斯戰爭。在短短的時間內，卡派人士便控制了西班牙北部的大部分地區。另一方面，擁護伊莎貝爾的溫和派和聯合派皆承認伊莎貝爾二世之子阿爾豐索為西班牙國王，並組成反對黨，以自由聯合派的卡絡瓦斯 (A. Cánovas) 為首。至於民主黨，則大多數主張共和體制，在一般民眾中有很大的影響力，他們不接受義大利的王室，並蓄意製造各種混亂局面。而新國王的主要支持者為激進派人士，最後阿瑪德歐一世為了避免一場軍事衝突，於 1873 年 2 月退位。民主式的君主制憲體制只維持兩年。群龍無首，於是國會不顧憲法，宣布西班牙為共和國，由畢以瑪爾蓋 (F. Pi y Margall) 為西班牙第一共和國的第一任總統。

三、短暫的第一共和國

儘管國會表決通過（二百五十八票贊成，三十二票反對）成立共和國，但是大多數民眾並不支持這項決議。另一方面，對於國家體制（單一或聯邦）的看法，共和派領袖們的意見分歧。畢以瑪爾蓋主張聯邦體制，將西班牙劃分成十五個州。而聯邦共和國的成立卻導致南方地區地方割據、各自為政的局勢。面對日趨嚴重混亂的政局，以及美洲古巴獨立運動的興起，畢以瑪爾蓋遂辭去職務，由瑟爾梅弄 (Salmerón) 接任。瑟爾梅弄將平息內亂之重任交給軍事將領，其中首推瑪爾提內斯 (A. Martinez)。瑪氏以武力平定地方割據的局勢。不過，瑟爾梅弄執政兩個月後，也被迫辭職。

緊接著由溫和共和黨卡斯德拉爾 (E. Castelar) 接任。這兩位國家元首都主張單一共和國體制。卡斯德拉爾甚至還宣布聯邦體制的非法性。他實行專制統治，給予軍人更多的權力控制局勢。最先組織的社會主義派人士也被嚴厲地鎮壓下來。這時，國會警覺到政府專制作風的傾向，便於 1874 年初投票，決定撤換卡斯德拉爾。然而，馬德里的軍事總督巴畢亞遂派兵進入國會，將國會解散。這時，西班牙共和國變成了軍事獨裁國家。前任攝政者瑟拉洛再度擔任國家元首，重新認定 1869 年憲法的效力。激進派組織內閣，任用一些擁戴阿爾豐索為王的人士入閣。許多有心人士處心積慮地企圖重建波旁王朝。最後於 1874 年底，由瑪爾提內斯起義復辟成功，宣布阿爾豐索十二世為西班牙國王，結束短暫的西班牙第一共和國。

四、蠢蠢欲動的工會組織

在 1875 年和 1923 年之間，西班牙的政治穩定，經濟成長。與之前自由主義革命時期的混亂局勢成了強烈的對比。當然，在這階段也曾有過危機和社會問題等，例如：工人運動的萌芽和成長，與美國作戰失敗所留下的陰霾，加泰隆尼亞和巴斯克地方主義運動的興起。不過，大致說來，阿爾豐索十二世在位時期（1874 ～ 1885 年在位）、其妻瑪麗亞．克麗斯丁娜的攝政期（1885 ～ 1902 年在位）以及阿爾豐索十三世在位初期（1902 ～ 1931 年在位），皆可算是對民主制度以及西班牙的經濟社會結構現代化有正面的影響。雖然波旁王朝的復辟歸功於軍事政變，卻是由六年民主之治時期的卡絡瓦斯為首的一群政治人物再度奠定君主制憲體制。

卡絡瓦斯聯合舊有的溫和黨和聯合黨共同組織保守黨，以 1876 年重新修訂的憲法為根基，執政五年多。這次憲法的修訂程序不同以往，它不是由選出的國會議員決議通過的，而是由國王派任組織的「名人委員會」(Comisión de Notables) 制定。新憲法仍舊以自由主義為原則，由國王和上、下議會共同處理國政。國王擁有掌控體制的權力，能召開或者關閉國會。內閣大臣須效忠於國王，而不是國會。宣布天主教為國教，但是尊重宗教信仰自由。憲法極尊重個人自由權，但對集體自由權則次之。這是因為畏懼日趨蓬勃的工人運動所做的防衛政策。同時也修訂一系列的法規，有些甚至仍延用至今。

復辟時期的政治制度是依照英國兩黨輪替的模式。卡絡瓦斯已建立保守黨，為貴族、地主和高層資產階級爭取利益。但是在這政治模式下，還缺少另一政黨力量，卡絡瓦斯對於這另一政黨的形成表示高度的關切。工業資產階級和城市中產階級共同組成自由黨，以沙卡斯塔 (P. M. Sagasta) 為首。而卡派人士和共和黨員就此在政治舞臺上消聲匿跡。

1878 年瑪爾提內斯將軍和古巴叛亂分子共同簽署〈杉弘和約〉(*Paz de Zanjón*)，明定多層面的大赦，給予古巴人和波多黎各人民同等的政治權力。三年後，並廢除奴隸制度。然而，對於想取得自治權的古巴人而言，這些改革就顯得微不足道；但是對於拒絕古巴有任何政治和社會改變的人士，則認為轉變太大。

在 1868 年光榮革命之後，以及在 1869 年憲法的庇護之下，一些工人協會組織開始萌芽，特別是在巴塞隆納、巴斯克和馬德里地區，進行社會和政治活動來改善他們的生活情況。這些組織通常是以當時兩股國際性的思想浪潮為依據——無政府主義和馬克思主義。「第一國際」在西班牙的分部於 1874 年被瑟拉洛將軍解散。在工會組織被壓制之後，緊接著是較寬鬆容忍的時期，直到工會組織獲得合法成立權。

西班牙的社會主義萌生於阿瑪德歐一世在位時期，最先由伊葛雷斯亞 (P. Iglesias) 在馬德里組織興起的「排印工人協會」開始。伊葛雷斯亞偕同一些曾是國際主義分子的同志，共同於 1879 年創建「西班牙工人社會主義民主黨」（Partido Socialista Obrero Español，簡稱 PSOE）。自由黨所修改的法令，儘管有合法上的一些限制，但是得以讓這群人士於 1881 年開始朝政黨和工會組織兩方向，從事組織社會主義運動。之後，1888 年在巴塞隆納創立「工人聯盟會」（Unión General de Trabajadores，簡稱 UGT），並很快地在馬德里和巴斯克引起共鳴。

另外，無政府主義分子在 1881 年的巴塞隆納成立了「西班牙地區工人聯盟」，在加泰隆尼亞和南部安達魯西亞獲得很大的回響，當地大多數的工人和農民都信仰無政府主義。不過，某些層次的無政府主義分子的暴力行為，迫使政府開始壓制。直到 1910 年之前，無政府主義分子就不曾有過集體出現的場面。

除了社會主義和無政府主義，還有由敏聖 (A. Vincent) 神父所推動的基督教工會主義。敏聖神父首次成立「工人天主教圈」。不過，這個天主教工人運動並沒有獲得共鳴。西班牙工人階級大多加入社會主義運動和無政府主義運動的行列。

五、母后攝政

1885 年阿爾豐索十二世病死，享年二十八歲，留下遺腹子。因此政府總理卡絡瓦斯和在野黨主席沙卡斯塔便簽訂〈巴爾多協定〉(*Pacto de El Pardo*)，明言繼續政黨輪替執政。當執政黨認為已完成上任時所設定的計畫或方案，或者產生內閣危機時，內閣首長便向國王提出辭呈，國王遂任命另一黨的黨魁組織新內閣。之後舉行大選，而大選結果皆是由負責舉辦大選的政黨獲勝。這選舉過程經常發生舞弊行為和操縱選票的「地方頭目制度」(caciquismo)，尤其是在鄉鎮地區。儘管如此，這項和平輪替制度保障了往後二十幾年的政治穩定。

1886 年 5 月阿爾豐索十三世誕生，國會提議由其母后攝政，直到阿爾豐索十三世成年。瑪麗亞·克麗斯丁娜為人仁慈、謹慎、尊重制憲體制，將政權交給選舉勝利的黨派。然而，復辟時期的主要人物卡絡瓦斯在 1897 年被一位義大利籍的無政府主義分子暗殺。之後，由希爾貝拉 (F. Silvela) 接任保守黨主席。

六、1898 年危機和「九八」國恥

西班牙與古巴簽署的〈杉弘和約〉並沒有解決古巴問題。西班牙政府和民間輿論，以及古巴島上少數西班牙裔皆反對古巴自治。當 1895 年沙卡斯塔政府提議授予古巴自治權時，一切都已太遲了。另一方面，在殖民帝國主義的保護經濟政策驅動之下，美國為顧及在加勒比海的經濟利益，意圖買下古巴島，但被西班牙拒絕。美國覬覦古巴的野心並不就此放棄。於是，古巴人在美國的贊助支持之下，再度掀起游擊戰，最後挑起美、西兩國之間的戰火。菲律賓在 1896 年也開始解放運動。1898 年西軍相繼在馬尼拉灣和古巴的聖地牙哥被美軍擊潰。西班牙被迫接受法國的出面調停，雙方在 1898 年簽署〈巴黎和約〉，西班牙承認古巴獨

立，以及割讓關島、波多黎各和菲律賓給美國。從此西班牙在美洲和亞洲的殖民地喪失殆盡。

1898 年的軍事潰敗在西班牙引起極大的震撼，使得西班牙人民了解到西班牙國勢大衰的事實，卻激勵了西班牙文人在文學上的卓越創作，也就是所謂的「九八年代」。九八年代的傑出作家包括烏納木諾（M. de Unamuno，1864 ～ 1936 年）、巴野隱格蘭（R. del Valle-Inclán，1866 ～ 1936 年）、巴洛汗（P. Baroja，1872 ～ 1956 年）、瑪洽多（A. Machado，1875 ～ 1939 年）等文人。他們在西班牙發生「九八國恥」時，正值年輕之際。這群文人學者都是來自西班牙臨海外圍地區，但是他們的思慮卻都放在卡斯提亞，以西班牙的國家問題為寫作思潮。另一方面，地方主義運動分子，特別是加泰隆尼亞人，對政治體制和國家結構本身提出質疑。

希爾貝拉於 1899 年 3 月接續卡絡瓦斯，擔任西班牙總理，面對的是九八國恥所帶來的後果，以及西班牙君主制憲制度所面臨的挑戰。他試圖拉攏地方主義色彩濃厚的加泰隆尼亞地區的中產階級人士和農民，來擴大中央政府的支持面，但是卻徒勞無功。不過，財政部長費爾南德斯 (R. Fernández) 以穩定物價、西幣的方式來實施經濟改革，其成效顯著，並增加國庫收入。1901 年保守派內部分裂，自由黨順利掌權。沙卡斯塔擔任總理，並於 1902 年宣布阿爾豐索十三世為西班牙國王，結束瑪麗亞．克麗斯丁娜的攝政期。

第五節　十九世紀起伏不定的社會經濟

十九世紀西班牙人口有顯著的增長，雖然成長速度比不上其他歐洲國家。十八世紀末葉西班牙有一千萬人口，一百年後增加了八百五十萬人。不過，依據地理分布的觀點來看，人口成長並不一致。在外圍沿海地區人口成長比內陸中央地區快速。同時，都市人口也急速成長，特別是馬德里、巴塞隆納、瓦倫西亞和塞維亞。城市人口增加主要是其他經濟較衰微地區（如西北部的加利西亞、南部的安達魯西亞或中部的卡斯提亞）的人口不斷湧入。這些湧入的人口是受到城市新興工業和服務業所製造的工作機會所吸引。除了西班牙境內的人口移動現象，在伊莎貝爾二世時期，還掀起一股移民熱潮，前往中南美洲較富裕和發展的國家。在 1881 年和 1914 年之間，有一百萬西班牙人移民至阿根廷、古巴、烏拉圭和巴西。

十九世紀前半葉西班牙的經濟受到政局不穩的拖累。在獨立戰爭期間城市和交通網被破壞，導致農業和畜牧業也一蹶不振。另一方面，費南度七世為了想維持舊有的社會和經濟結構採取的一些政策，阻礙了西班牙的工業化。因此和其他歐洲國家的經濟發展相比，西班牙顯得落後許多。直到伊莎貝爾二世時期，經濟才逐漸復甦。但是經濟成長也不穩定規律，不斷受到多次政治危機的負面影響。直到 1854 年才穩定下來（除了 1868 年的革命事件），維持三十年持續的經濟成長。

西班牙經濟的轉型是借助於封建地主體制的廢除，土地轉移到教會和鄉市政府的手上，也就是所謂的「土地徵收公有制度」(desamortización)。但是被徵收公有的土地並沒有被善加利用，而是拍賣給私人來支付國家的債務。

十九世紀西班牙的農業人口仍舊占多數，而較具農業競爭力的地區是在瓦倫西亞和加泰隆尼亞，其他的地區則只夠自給自足。大致而言，土地徵收公有制度使得十九世紀前半葉的耕種面積擴大，然而，大部分的耕地用於種植經濟利潤低的小麥，導致嚴重的社會問題。從 1870 年開始，小麥、橄欖和葡萄的生產量提高。

西班牙的工業發展緩慢和不平衡，到了十九世紀中葉後，一些地區（加泰隆尼亞和巴斯克）才加入歐洲的工業革命，其餘的地區仍處於落後貧窮的農業社會。最早和最主要的兩種工業是紡織業和鋼鐵工業。在紡織業方面，十八世紀時就已將機器紡織機引進巴塞隆納，使得加泰隆尼亞的首府成為紡織工業的中心。棉織品的主要市場在國內半島上和海外。而海外的主要出口供應地局限於古巴、波多黎各和菲律賓。事實上，加泰隆尼亞的產品在價格和品質上並無法與英國工廠製造的產品相比較。

紡織業曾從幾次危機（如 1857 年的經濟萎縮）和困境（美國南北戰爭時期棉花的供應問題）中熬過來，直到 1868 年才恢復。之後，紡織業發展以羊毛為主。加泰隆尼亞則成為西班牙的首要經濟活動中心。

最初西班牙重要的礦業中心主要是位於南部，由英、法兩國投資開採。由於西班牙工業不發達，這些開採的礦產（銅、鉛、鐵、水銀等）皆外銷到其他國家。然而當時西班牙北部的礦業發展早已增加了本土資金的加入，其發展和巴斯克的鋼鐵業息息相關。十九世紀後半葉，阿斯圖里亞斯和萊昂的煤礦，以及比斯加亞的鐵礦占有一席之地。而鋼鐵工業則利用在比斯加亞開採的鐵礦，在當地逐漸發展起來。從 1882 年開始，畢爾包的工業逐漸發展，並於 1902 年數家公司合併成為比斯加亞高爐公司，壟斷鋼鐵工業。畢爾包成為西班牙工業的第二重鎮。另外，造船業也在巴斯克資本主義的刺激下興起，畢爾包和桑坦德是巴斯克兩個主要的港口，控制和美洲的貿易往來。

紡織業和鋼鐵業這兩大工業的發展，也歸功於鐵路系統的引進。鐵路的發展便利各地的通訊，激勵國內市場，並使得經濟、社會和政治有了極大的轉變。1856 年和 1865 年間，以西班牙北部逐漸興盛的礦業和冶金業為基礎，由外商公司投資興建鐵路線，同時引進加泰隆尼亞紡織業用的蒸氣動力機械，更為未來興盛的工業奠立基礎。

西班牙鐵路系統的起步發展是以連接鄰近的城鎮為主。第一條鐵路建造於 1848 年，連接巴塞隆納和馬大洛兩城，約二十九公里。而從 1855 年通過〈鐵路法〉開始，和外資（特別是法國）的湧入後，便展開鐵路網的興建工作。西班牙的鐵路結構呈放射狀，以馬德里為中心。在 1866 年擁有五千公里長的鐵路線，到了十九世紀末，長達一萬一千公里。然而，西班牙的鐵軌和其他歐洲國家的鐵軌尺寸不同，造成國際鐵路銜接上的困難。

除了鐵路線之外，隨著世界科技的進步，在西班牙也建造了一些都市公共設施：1870 年馬德里的第一輛路面電纜車、1877 年巴塞隆納的第一條電話線、1866 年赫羅納道路的公共照明設施等等。

至於金融方面，在 1838 年成立西班牙聖費南度銀行，取代在十八世紀末創立的聖卡洛斯銀行。聖費南度銀行在 1856 年更名為西班牙銀行，並從 1874 年開始，壟斷錢幣的發行製造。西幣 (peseta) 是在 1868 年由西班牙銀行正式發行。另外，馬德里股票市場也是在十九世紀建立。

由於西班牙工業化過程的緩慢，而且最初只局限於巴斯克和加泰隆尼亞兩地區，所以中產階級人口為數不多。在 1860 年時，估計中產階級不超過百分之十，以小商人、公務員和公司職員為多。另外，有百分之十六的人口是由貴族和神職人員組成。其餘皆為一般的平民百姓，大多是農人。而工人也和中產階級一樣，占少數。不過，到了十九世紀末，開始有了重大的轉變。

1898 年西班牙帝國喪失最後的殖民地，在西班牙引發嚴重的經濟問題，之後更成為許多社會問題的導火線。工業地區受害最甚，尤其對加泰隆尼亞的紡織業造成極大的打擊。紡織業在政府強烈的保護政策之下，控制國內和殖民地的市場。因此，殖民地的喪失和接踵而來的經濟危機，激起了對抗中央政府權力的地方主義運動。這股運動奠基在深厚的文化底蘊上，並有廣大社會的支持，主張擁有自治權；之後演變為標榜國家主義。除了加泰隆尼亞地區要求自治之外，還包括巴斯克、加利西亞和瓦倫西亞。

第六節　十九世紀的浪漫主義文化

十九世紀初，浪漫主義在西班牙蔚成風氣。浪漫主義較注重感性和想像力，理性則次之，在西班牙以獨有的特質展開，發展成本土性的浪漫主義文化。每一個國家有自我的精神，表達在自我的語言、歷史和民俗上。而西班牙的浪漫主義標榜中世紀復興國土的精神價值，以及追隨注重黃金世紀。除了所謂的「歷史浪漫主義」之外，還有所謂的「自由浪漫主義」，仿傚法國文豪雨果 (V. Hugo) 的思潮。自由浪漫主義捍衛代表自由主義的政治革命，在 1834 年和 1840 年之間達到高峰。

浪漫主義在十九世紀中葉便逐漸失去其重要性。緊接著興起的是所謂的「折衷主義」，一股新的歐洲文化現象。這個主義潮流是典型的資產階級思想，表現在哲學、政治和藝術上。

在復辟時期西班牙文化開啟另一巔峰期，一直持續到 1936 年，稱為西班牙文化的「白銀期」。在這時期中，西班牙的小說、繪畫、音樂和詩歌有著不凡的表現，並在歐洲享有極高的聲譽。1875 ～ 1902 年是白銀期的第一階段。這時期西班牙文化的特色，表現在從事重要科學研究、試圖融入歐洲社會的決心，以及以觀察和描述自然為基礎的藝術運動，也就是所謂的「自然主義」。

復辟時期的科學運動潮流的代表人物是諾貝爾醫學獎得主拉蒙伊卡漢 (S. Ramón y Cajal)。當時有兩大學術運動潮流。一為贊同西班牙融入歐洲的工業文化和歐洲的生活規範與理念。「教育自由學會」便是這項主張的一群知識分子在 1876 年創立的。另一學術運動則是推動和肯定西班牙傳統的思想和文化，重要的代表人物是貝拉尤（M. M. Pelayo，1856 ～ 1912 年）。

至於教育方面，從 1870 年開始，中等教育的課程由國家籌備規劃，在中等學校進行。所有的大學皆能頒授大學畢業文憑，但是博士學位只有馬德里大學能頒發。由於政府掌控教育體系和壓抑教育的發展，使得十九世紀的教育無法有突破性的發展。除此之外，小學教育也受到忽視，學校數目不足。

對文化具有相當貢獻的兩大學術機構分別是「馬德里學會」和「教育自由學會」。馬德里學會在十九、二十世紀期間，是西班牙學術界舉足輕重，最具權威性的機構。所有經歷過這兩世紀的不同政府，甚至在政治權被極度限制的時期，皆尊重此學會在言論上的自由和可貴性。馬德里學會的圖書館是當時西班牙最優秀的圖書館之一。另外，這個文化機構對推動折衷主義不遺餘力。至於教育自由學會則是當時教育界最先進的機構，完全不受國家政府的管轄。這間專辦教育的機構是由洛斯里猶斯（F. G. de los Ríos，1839 ～ 1915 年）所創立，他建立了自由和真正具教育性的教學制度。這種教育特性對十九世紀末葉和二十世紀初西班牙的文化復興有潛移默化的影響。

這時期的哲學思想是以兩條主要的路線發展。一條是以巴爾魅斯（J. Balmes，1810 ～ 1848 年）為代表人物的天主教思潮路線，《評論》(*El Criterio*) 是他的名著；另一條是以德國哲學家克勞斯 (K. Krause) 的哲學理念為主軸，他所倡導的理想主義，由聖斯德利猶（J. Sanz del Río，1814 ～ 1869 年）傳播於西班牙。至於思想家貝拉尤則在歷史和文學批評上首屈一指。他竭力為天主教教義辯護，對傳統思想的革新工作不遺餘力。

新聞報紙在十九世紀的西班牙是一股有力的政治力量和一項重要的文化要素。當時的報紙主要是由一些政黨或某些意識型態趨勢的團體所發行，常遭逢財務困境。一些活躍於當時社會的文人常在西班牙報紙上刊載文章，記者因而享有高度的文化聲譽。

浪漫主義文學運動的興起是基於對新古典學派的理性主義的反駁，以及增強創作自由。浪漫主義文學盛行於十九世紀的大半期，在西班牙文學上包涵了三個年代的作家。第一年代的代表作家是詩人利詩達（A. Lista，1775 ～ 1848 年）和劇作家馬爾丁南斯（Martínez de la Rosa，1787 ～ 1862 年）。第二年代傑出的文人可推小說家波爾（C. Bóhl de Faber，1796 ～ 1877 年），她以費爾南 (Fernán Caballero) 為筆名，以及劇作家兼詩人的柏雷洞（M. Bretón de los Herreros，1796 ～ 1873 年）和沙貝德拉（Á. de Saavedra，1791 ～ 1865 年）。第三年代的代表作家是瑟利亞（J. Zorrilla，1817 ～ 1893 年）、拉納（M. J. de Larra，1809 ～ 1837 年）和野斯布隆瑟達（J. Espronceda，1808 ～ 1842 年）。

在戲劇方面，馬爾丁南斯為浪漫主義戲曲開先河。之後，瑟利亞寫出西班牙浪漫主義戲曲中最負盛名的作品《唐璜》。

至於浪漫主義小說的發展，則受制於 1799 年禁止出版幻想性質小說的法令。第一部歷史小說是 1823 年烏馬拉 (Húmara Salamanca) 所寫的《拉米羅，路瑟納伯爵》(*Ramiro, conde de Lucena*)。1834 年拉納出版情感小說《安立貴紳士的侍男》(*El doncel de don Enrique el Doliente*)。不過，拉納在西班牙文學上的貢獻是他所寫有關日常生活方面題材的文章，反映和諷刺當時社會的真實面。

在詩歌方面，野斯布隆瑟達是最具代表性的抒情詩人，不過，在他的作品中，也不曾忘記對集權政體和對反對自由主義觀念人士的批評，這些批評也使他遭受到被放逐的命運。

這時期還值得一提的是，在西班牙境內非西班牙語文學的再度興起。浪漫主義文學對中世紀和民間習俗的好奇，激起了整個歐洲對非官方語言和方言的興趣。1833 年，加泰隆尼亞的阿里包（B. Aribau，1798 ～ 1862 年）出版的詩集《祖國詠頌詩》(*Oda a la Pàtria*) 可說是加泰隆尼亞語文學的代表作。

至於十九世紀「後浪漫主義文學」，在詩歌方面，西班牙最重要的詩人可推貝格爾（G. A. Bécquer，1836 ～ 1870 年），詩集《抒情詩》(*Rimas*) 是他的代表作品。另外，他在散文方面也有卓越的創作和貢獻。其寫作題材包含愛情、希望、孤獨和貧困。

在小說方面，十九世紀後半期的小說有顯著的發展，其傑出的作家可推巴雷拉（J. Valera，1824 ～ 1905 年）、卡爾寶斯（B. P. Galdós，1843 ～ 1920 年）等人。他們的寫作靈感皆受到當時盛行歐洲的自然主義和寫實主義，這兩股美學運動潮流的影響。巴雷拉在 1874 年所出版的《貝璧塔》(*Pepita Jiménez*) 可說是十九世紀西班牙最風行和成功的小說。而卡爾寶斯的四十六部自由主義思維和反教會思想的小說，是以西班牙的歷史背景為主，主要是描述從 1805 年德拉法卡之役到 1874 年波旁王朝的復辟。

在建築方面，這個世紀並沒有顯示出重要的建築特色和創作風格。不過，還是可觀察出四股潮流：古典、文藝復興、中古和

圖 42：高第的建築作品「聖家堂」聖家堂是巴塞隆納現代主義風格的大教堂，高第於 1883 年接下建造此教堂的工程計畫案。他的一些建築作品是巴塞隆納市內重要的藝術遺產。

折衷主義。十九世紀在馬德里興建的重要建築物為：皇家劇院、國會廳、國家圖書館、西班牙銀行建築等。在巴塞隆納可推巴塞隆納大學、司法院和音樂廳。這時期加泰隆尼亞的建築大師高第（A. Gaudí，1852 ～ 1926 年）以其現代主義的創新建築風格備受爭議，他在巴塞隆納及其近郊所建造的七個建築物分別於 1984 年和 2005 年被列入世界文化遺產，而巴塞隆納的聖家堂是他傑出的建築作品之一。

同樣地，在雕刻上雖然也沒有一特定的風格方向，但是也創造出一些重要的藝術作品。十九世紀後半期的繪畫潮流是以印象派為主，代表畫家是雷哥猶 (Regoyos) 和梭羅亞 (J. Sorolla)。

至於在音樂界，除了在馬德里皇家劇院和巴塞隆納麗瑟歐 (Liceo) 劇院演出的歌劇之外，具本土性的薩爾蘇夜拉說唱歌劇也有所發展。十九世紀最重要的兩位音樂家分別為阿爾貝尼斯（I. Albéniz，1860 ～ 1909 年）和格蘭那多斯（E. Granados，1867 ～ 1916 年），他們都是加泰隆尼亞人。

第九章 | *Chapter 9*

二十世紀前半期：「一蹶不振」

第一節　動盪不安的政局

1900 年的西班牙正面臨已瓦解的殖民帝國，以及復辟政治模式的政治社會危機的加深。阿爾豐索十三世（1902 ～ 1931 年在位）在位期間，自由黨和保守黨兩大黨和平輪替制度逐漸地瓦解，使得內閣不穩定。中下階級和激進派人士加入非保皇黨派，如共和黨、國民黨（特別是加泰隆尼亞人）。地方性的國家主義興起，反對中央政府的主導權，努力爭取其自治權，尤其是加泰隆尼亞的地方主義。政黨數目增加、地方主義以及工人運動的力量，使得西班牙君主政體所依靠的 1876 年憲法已無用武之地。除此之外，國王積極干預政事，使得政局更加不穩定。輪番上陣的政府內閣皆無法適當地解決種種國家的內外問題和穩定政局。在 1917 年和 1923 年之間，更換了十三次內閣，最終導致君主體制的大危機，而於 1931 年垮臺。

在阿爾豐索十三世時期，經濟的成長並未能滿足工人和農人的需求。因此 1909 年保守派矛拉 (A. Maura) 上臺後，意圖改革議會，但卻一無所成。這時期第一次的嚴重政治危機發生於 1909 年的巴塞隆納，即所謂的「悲痛星期」(6 月 26 ～ 31 日）。西班牙殖民主義的箭頭瞄向摩洛哥，迫使西班牙意圖派兵干涉。但是對於戰爭的籌備和徵兵，巴塞隆納人激烈反彈，以總罷工來抗議。不料，這場罷工卻演變成反教會的社會暴亂，許多的教堂和修道院被燒毀。矛拉政府發布軍事戒嚴狀態，以強烈的方式鎮壓暴亂。許多歐洲國家紛紛抗議這種嚴厲的鎮壓舉動，矛拉因此辭職下臺。

1910 年和 1912 年間，自由派加納雷漢斯 (Canalejas) 政府意圖革新的主張也告失敗。加納雷漢斯並於 1912 年被暗殺。社會逐漸分裂成保守派的保皇派和反皇室派人士。從此復辟政體愈來愈難持續下去。

西班牙在第一次世界大戰期間保持中立姿態。這中立的立場給西班牙帶來經濟的利益，但是同時也引起物價的上揚，導致嚴重的社會危機。保守派政府達多 (Dato) 遂宣布關閉國會。這時，加泰隆尼亞的國民黨議員在巴塞隆納要求政府召開修憲會議。而軍隊不滿物價的提升，也組織國防委員會，要求政府改善這問題。此外，社會主義黨員和無政府主義的工會組織受到俄國革命的影響，也決定發起革命性的總罷工。於是在 1917 年爆發西班牙歷史上第一次總罷工。罷工的主要目的是抗議對摩洛哥戰役的不滿。人民得忍受不公平的招兵制度以及在戰火中犧牲生命。雖然這次危機解除，但是復辟政體已嚴重地受損。最後，摩洛哥於 1921 年 8 月在阿努阿爾地區擊潰西班牙軍隊，上萬士兵死於戰場上。這同時也反映出政府必須徹底的改變才能度過這次的危機。

1918 年第一次世界大戰結束，隨之而來的是又一次新的經濟危機。許多的公司倒閉，導致工人的生活情況越趨惡劣。勞資雙方的衝突愈演愈烈，而暴力事件、恐怖活動、罷工和流血鎮壓事件層出不窮。達多也是這些暴力活動的犧牲者，他於 1921 年被暗殺身亡。

第二節　以獨裁杜絕亂源

1923 年 4 月的大選結果顯示出依然是舊式及貪污的政府模式，這使得人民的希望再度破滅。而復辟體制也走到了盡頭。同年 9 月，匹里摩德里梅拉 (Primo de Rivera) 將軍領導政變成功。這讓多數西班牙人民想以專制政府來替代制憲體制的意願得以實現。他們想藉此重新建立社會秩序，以及清除貪污和地方各自為政的政治亂象。國王立即將政權交給匹氏將軍，藉由人民的支持，由他建立軍事獨裁體制：解散國會、取消憲法、成立唯一的執政黨──「愛國聯盟」、禁止組織在野政黨、結束加泰隆尼亞半自治性的行政體制。

1920 年代經濟景氣復甦，一些公共工程的推動，如公路網、水壩，加上巴塞隆納世界博覽會和塞維亞西語國家博覽會的舉行，更成為經濟現代化的動力。在外交方面，於 1927 年與法軍合作，共擒摩洛哥軍事領袖阿德也克林 (Abd-el-Krim)，結束這場西班牙在北非的戰事。匹氏試圖藉由成立「勞資協商委員會」(Comités Paritarios) 來平息工人的不滿情緒。在政治上，意圖以義大利法西斯主義的模式，經由國家協會式的組織，讓民眾參與政事。然而，其過於專制及個人主義的作風，再加上受到 1929 年世界性經濟危機的影響，使得民眾對他的支持度減低，最後於 1930 年辭職下臺。

第三節　君主體制的瓦解和第二共和國的成立

匹里摩德里梅拉下臺後，西班牙國王阿爾豐索十三世下令改組新內閣政府。然而，1931 年 4 月的地方選舉，社會黨和共和黨在大城鎮中獲得勝利。為了避免引起大規模的民眾暴動，政府勸告國王棄位，阿爾豐索十三世因時勢所逼，遂黯然離國。緊接著成立臨時政府，宣布成立「第二共和國」。臨時政府試圖採取平衡、溫和的政策，但是得面對極端派分子和暴力事件。新政府面臨的主要問題為：加泰隆尼亞和巴斯克的分離主義、反教會的暴力事件，以及無政府主義工會和其相關派系所策劃的社會混亂。在工人和農人不滿政府的情緒逐漸高漲中，這些無政府主義的組織卻從中獲益，黨員大為增加。

這時，西班牙天主教大主教塞谷拉 (Segura) 發表一份文件，讚揚君主體制和抗議第二共和國的新憲法中明顯反教會的條款。這事件導致 5 月 11 日馬德里許多的教堂和修道院被民眾縱火燒燬。而臨時政府對此的反應低調，引起西班牙國內各階層對政府的反彈。新政府反教會的政策相當地不明智，沒有考慮到大多數的西班牙人信仰天主教，當然對此深感不滿。另一方面，第二共和國禁止民眾在教會學校受教育，而增加的學校卻不足以應付公立教育的需求。

同年 6 月新政體舉行首次立法選舉，12 月新憲法出爐。組成新內閣的黨派為左中派系的共和黨和社會黨。阿沙尼亞 (M. Azaña) 為前兩年的政府首長。他企圖實施政治和社會改革政策，將軍方的勢力脫離政治圈，將教會力量排除在國家政策之外，推動公立教育制度，以及經由 1932 年通過的法令，解決加泰隆尼亞地區的自治問題。此法令也為解決巴斯克和加利西亞地區的自

圖 43：西班牙第二共和國的第一次內閣閣員之聚會

治問題鋪路。社會改革改善了城市工人的工作條件，但是在農業改革上卻無成效。

另一方面，左派和右派的極端分子仍持續地煽動社會紛亂，而政府卻無法制止西班牙鄉村地區的社會混亂局勢，再加上 1931 年到 1933 年之間的世界經濟危機，引發許多的工人罷工事件。在反阿沙尼亞政府聲浪高漲的情勢下，聖乎爾候 (Sanjurjo) 將軍在 1932 年 8 月 10 日發起軍事政變。但是政變失敗，聖乎爾候將軍被拘捕監禁。阿沙尼亞遂將政變的責任推卸給大貴族們，認為他們是共和國的叛徒，於是決定徵收上流貴族的產業，而不給予任何補償。

以羅布雷斯 (G. Robles) 為首的西班牙右派分子組成「天主教右派聯盟」。這個新政黨的黨員人數在短短的時間內明顯的增加。不過，在這同時，受到義大利法西斯主義和德國國家社會主義的影響，反對議會體制的群眾也持續增加。1923 年的獨裁者匹里摩德里梅拉將軍的兒子荷西安東尼於 1933 年創立「西班牙長槍黨」(Falange Española)。之後不久，和「國家工會攻勢委員團」(Juntas de Ofensiva Nacional-Sindicalistas) 結合，成為國家主義和反馬克思主義的政黨，簡稱 “FE y de las JONS”。這政黨不採信民主體制，意圖經由社會法治的建立，來解決階級鬥爭的局面。另外，左派的「西班牙共產黨」黨員有限，但是其組織能力甚佳，在農民之間具有號召力。

1933 年底，在共和國的第二次大選中，政權轉移到中右派，大勝左派的社會黨和共和黨。在中右派得勢後，遂意圖推翻舊政府的一些革新。另一方面，企業老闆和地主們極力地對付和壓迫工人與農民。而左派也不甘示弱地抨擊政府。翌年 10 月在阿斯圖里亞斯地區和加泰隆尼亞地區，因抗議政府實施的政策而爆發的激烈革命，被政府嚴厲地鎮壓下來。不過，由於國會的紛亂和貪污事件的揭發，逼使中右派政府下臺。

1936 年 2 月，由左派不同政治路線的聯盟所組成的「人民前線」獲得立法選舉勝利。但是同年 7 月，軍方多數人在右派分子和教會的支持之下，企圖軍事政變。這正是西班牙內戰開始的前夕。

第四節　兄弟鬩牆：血戰三年（1936～1939 年）

軍事政變由「叛變分子」中的將領佛朗哥 (F. Franco) 將軍主導，於 6 月 17 日在摩洛哥的西班牙屬地發起，翌日在西班牙的多數地區獲得響應，尤其是在戰前大選時投票給右派主義的地區，如北方的加利西亞、萊昂、那瓦拉、亞拉岡以及安達魯西亞的西半部、加那利群島、北非等地，這些地區即所謂的「國民陣營」。同年 10 月 1 日，佛朗哥在國民陣營被封為大將軍，並擔負起國家元首的責任，他在國民陣營的聲望日漸升高。

然而，像馬德里、巴塞隆納、瓦倫西亞、畢爾包等大城市，以及較工業化的地區，則仍效忠於共和政府，也就是所謂的「共和陣營」。這得歸因於「人民前線」的黨派和工會能調動黨內的會員，組織人民兵，擊退這些地區的反叛分子，使得政變並沒有得到全面的成功。不過，政府也無法控制整個國家的政局。

這時，西班牙人民分為國民陣營和共和陣營，兩陣營持續了三年的激烈血戰局面。雙方陣營積極地爭取國際上的援助。共和政府要求西歐列強的介入，但是英、法兩國恐懼西班牙內戰引發歐洲大陸的大規模戰事，而向聯合國提議，由「不介入委員會」負責避免運輸武器或派遣軍隊到任何一個陣營，藉以孤立西班牙內部的軍事衝突。不過，義、德軍隊卻主動地贊助國民陣營。而西班牙第二共和國被西方民主國家遺棄後，轉而求助於蘇聯。蘇聯從 1937 年開始派遣軍事顧問和運送武器，來交換西班牙的黃金礦產。另一方面，反法西斯主義的世界輿論高漲，也促使不少的國際志願兵團參與戰役，協助共和陣營。

國民陣營控制的地區較共和陣營少，並且不包括重要的工業城在內。但是在較有軍紀組織和德、義軍事援助的條件下，擊潰共和陣營，奪得政權。共和陣營在內戰進行期間，其陣營本身內部革命性的轉變過程，使得其團結力分散，也減少蘇聯和國際志

圖 44：〈格爾尼卡〉(*Guernica*) 是畢卡索的名畫之一，繪於 1937 年，描述西班牙內戰的駭人景像。現藏於馬德里蘇菲亞王后美術館。

願參戰人士的協助意願。1939 年 4 月國民陣營攻取馬德里，結束了三年的內戰局勢，開啟佛朗哥的個人獨裁政體，遠離歐洲政治模式。

第五節　經濟起色與工人運動興盛

在二十世紀初期，由於生活條件的改善和醫學的進步，死亡率大幅降低，再加上出生率的提高，使得西班牙人口明顯地成長。到了 1930 年代，人口已達到兩千六百萬人。在這時期外移人口也不算少數，尤其是移民拉丁美洲。在 1911 年和 1920 年間有超過一百萬的外移人口。之後，在整個 1920 年代，由於西班牙經濟的大幅成長，外移人口顯著降低。甚至在 1929 年世界經濟危機時，外移人口仍持續降低。主要是因為阿根廷、烏拉圭、古巴這些移民國家也受到世界經濟危機的波及。另一方面，在一次大戰期間和 1920 年代，經濟的成長也刺激了西班牙境內人口移民工業地區的浪潮。在 1930 年，百分之四十三的西班牙人口居住在城市。二十世紀初，巴塞隆納有五十三萬人；三十年後達到一百萬人。而馬德里也增加到將近百萬人。

這時期的農業和工業生產力也提高。農業上的發展歸功於引進新技術和擴大耕作面積。工業方面，則由於新興工業的興起，如水泥、化學和建築業，再加上傳統工業（紡織業和鋼鐵冶金業）的持續進展。另一方面，世界經濟的擴張也延伸到西班牙。1906 ～ 1913 年間許多國外資金湧入西班牙市場，有助於西班牙經濟和歐洲經濟聯結。

在第一次世界大戰中，西班牙保持中立所帶來的利益，讓許多地主、工商業者和金融交易者因此致富。這有利的經濟趨勢持續到第一次世界大戰後。1929 年的世界經濟危機也波及到西班牙，加上社會和政治的危機，終於引起西班牙內戰的爆發。

二十世紀的前三十年，西班牙社會的發展並沒有與人口和經濟的成長並駕齊驅。經濟發展所伴隨的物價上揚，並沒有配合薪資的提高。因此，中、下階級的生活條件愈來愈困難，尤其是工人階級。

阿爾豐索十三世時期，貴族和以經濟發跡的資產階級構成西班牙的上流社會，這些資產階級是由地主、工商業者和銀行家所組成。面對逐漸增加、有組織能力的無產階級，讓這群資產階級感受到相當地不安。在資產階級之下是所謂的中產階級。依照其經濟水準和社會地位的不同，中產階級之間的差異甚大，有鄉村地主、小型工商業者、公務人員、公司職員、教師、軍人和教會人士。最後是經濟和文化條件卑微的農工階級。工人階級聚集在工、礦業區工作，試圖藉由工會組織和罷工等集體活動來改善其生活條件；農人也受到土地分配不均的痛苦。而生活最成問題的是沒有土地的農田臨時工。

由「工人聯盟會」(UGT) 的社會主義人士和「國家工作聯盟會」(CNT) 的無政府主義者領導的工人運動，愈來愈能牽制社會動態。而工人運動的訴求是在於減少工作時數、增加薪資和改善工作環境。阿爾豐索十三世在位的最初十年中，雖然仍維持和平方式的政黨輪替執政，但是政局愈難穩定。社會緊張局勢愈增，工人運動愈演愈烈。在 1931 年，工人聯盟會已擁有將近二十八萬名成員，國家工作聯盟會八十萬名。天主教工人運動並不能和這兩個勢力龐大的組織相提並論。一些不滿被剝削的困苦工人便以罷工的方法來抗議，甚至於無政府主義的恐怖活動也逐漸增多。

西班牙的加泰隆尼亞、巴斯克和加利西亞，長久以來由於語言和文化方面的差異，導致這些地區地方主義的興起，之後更茁壯成長為民族主義，甚至於分離主義的出現。「加泰隆尼亞團結黨」雖為少數黨，但是其黨員在西班牙國會中相當地活躍。「巴斯克國民黨」創立於 1885 年，在 1917 年加入加泰隆尼亞團結黨的陣營。而加利西亞在這方面則落後一截，到 1931 年第二共和國的第一個國會中，才出現當地的國民黨議員。

第六節　白銀期的世界級文人和畫家

阿爾豐索十三世時期發展了西班牙文化中第二階段的「白銀期」。這時期是由九八年代的文人所寫的作品所開啟。西班牙文化試圖接近歐洲文化，而歐洲也對西班牙的事物深感興趣。這時期的西班牙文化，在繪畫、音樂和詩詞上皆達到相當的水準。

九八年代是由一群在 1865 年和 1875 年之間出生的文人和思想家所組成。他們成長於西班牙殖民帝國瓦解崩潰的時期。這些文人以批判和悲觀的態度來面對西班牙的問題。其中最著名的是烏納木諾、巴洛汗、瑪洽多和喜梅內斯（J. R. Jiménez，1881 ～

1958年）等作家。這些文人幾乎都是屬於現代主義風格運動的代表人物，他們使用優美和有力文辭來表達。

之後，所謂「二七年代」的一群作家傳承了九八年代的文風。他們都是在匹里摩德里梅拉獨裁時期出版作品。二七年代的作家幾乎皆是詩人，不同於以散文作家為主的九八年代。二七年代著名的作家為沙利納斯（P. Salinas，1891～1951年）、阿隆索（D. Alonso，1898～1990年）、羅爾卡（F. G. Lorca，1898～1936年）和阿雷伊參得雷（V. Aleixandre，1898～1984年）等人。尤其是阿雷伊參得雷，是1977年諾貝爾文學獎的得主。

在戲劇方面，二十世紀初最活躍的戲劇家是艾切卡拉伊（J. Echegaray，1832～1916年）。他是首位西班牙諾貝爾文學獎的得主（1904年）。之後，貝南扁德（J. Benavente，1866～1954年）是第二位獲得諾貝爾文學獎的西班牙人（1922年）。另外，詩人羅爾卡在他生命中的最後幾年也創作一些傑出戲劇作品。

這時期西班牙在音樂上也出現一些卓越的音樂家，如發雅（M. de Falla，1876～1946年）。他們的音樂特色反映出對本土文化的熱愛，但是也能接受外來音樂的影響。

這個年代西班牙在繪畫上最具國際知名度的是畢卡索（P. R. Picasso，1881～1973年）。他在1881年出生於西班牙南部的馬拉加，之後旅居法國，成為二十世紀最具影響力的繪畫大師之一。另外，馬德里人葛利斯（J. Gris，1887～1927年）、加泰隆尼亞人米羅（J. Miró，1893～1983年）和達利（S. Dalí，1904～1989年）也在國際畫壇上登峰造極。

第十章 | *Chapter 10*

從佛朗哥的獨裁到民主時代的來臨

第一節　從孤立中走出：佛朗哥政體的演變

天主教會支持 1936 年的叛亂起義，因此佛朗哥戰勝奪取政權後，立即獲得教會的支持和認可，而教會也相對地得到了許多優惠和好處。佛朗哥將天主教定為國教，配合天主教教義來安排西班牙人民的生活和灌輸教會的道德觀。這對幾代的西班牙人民的思想有著根深柢固的影響。因此，佛朗哥政權也被認同為「國家天主教主義」。

佛朗哥的獨裁政體最初是以納粹主義和法西斯主義為其理念基礎。在第二次世界大戰前期，雖然西班牙聲明保持中立，但是卻較傾向於支持德、義兩國。直到 1943 年德軍在俄國被擊潰時，佛朗哥再度聲明絕對中立的立場。1945 年納粹及法西斯政權相繼垮臺，而佛朗哥的獨裁政權卻多虧於其反共理念的聲明，能於第二次世界大戰後繼續維持下去。在美、蘇兩國冷戰時期，佛朗哥

圖 45：內戰後，佛朗哥在復活節前的星期日受到西班牙的長槍黨黨員歡呼和擁護的一幕。

仍採取反蘇的外交策略，使得西班牙能成為美國的同盟國之一。

西班牙內戰所留下的陰霾存在於各層面中。經濟損失，農業生產力是戰前的三分之二，工業被摧毀，交通被破壞，甚至超過五十萬的人口在戰爭中喪命，另外五十萬人流亡國外。戰後佛朗哥對反對人士所實施的政治迫害，在前幾年相當地殘酷惡劣，雖然之後幾個年代已稍微鬆懈，但是其專制獨裁的特性仍然存在，這幾乎和整個西歐國家的民主體制迥然相異。另一方面，獨裁政體也必須費心地對抗共和陣營的游擊隊，這些游擊隊員企圖製造民眾叛亂，直到 1950 年游擊隊才被徹底摧毀。

戰後，佛朗哥被國際組織所孤立，採取自給自足的經濟政策，導致 1940 年代的西班牙國民所得低於 1930 年代之前，甚至於在許多年間，實施食物配額制度。在這段期間內，只有葡萄牙與阿根廷肯和西班牙保持友誼，提供物資和食物，來減輕西班牙飢荒的情形。

1951 年佛朗哥重組內閣，引進兩位來自教會的政治人物：擔任教育部長的路易斯希梅內斯 (J. Ruiz Giménez) 和負責外交的瑪爾丁 (A. Martín Artajo)。他們對 1950 年代前半期的對外開放有著重大的貢獻。西班牙外交孤立局勢到 1950 年代才有所轉變。首先，在 1953 年和教廷簽署〈宗教協議〉，讓佛朗哥政體在世界天主教組織中能被接納。接著，於同年和美國簽定軍事協約，允許美軍在西班牙境內設立軍事基地，而美國則提供西班牙經濟和軍事援助。並於 1955 年在美國的支持下，進入聯合國組織，不久並加入其他的世界政治和經濟組織，讓西班牙再度進入國際舞臺。之後，和拉丁美洲國家（除了收留流亡的共和政府成員的墨西哥之外）與阿拉伯國家的關係日漸密切。另外，在 1956 年西班牙放棄摩洛哥的屬地。

在美國的贊助之下，西班牙經濟快速發展。但是這種沒有控制性的經濟成長，卻引發了 1955 年開始的通貨膨脹現象。這時，反對分子也開始策劃罷工和學生運動。1959 年佛朗哥被經濟情勢所逼迫，遂改變經濟政策。依照其通過的「穩定經濟方案」所採取的自由化政策，如限制公共支出、控制物價上揚和鼓勵外商投資，立即有了成效。歐洲戰後迫切需要人工，因此吸引許多西班牙人到歐洲共同市場的國家（主要是西德和法國）以及瑞士和英國工作，由此增加西班牙的外匯存底。1960 年代的西班牙開始感受到經濟和社會的轉型。

在 1960 年代，外商的投資、觀光業的興起和移民國外（法、西德和瑞士）工作的熱潮是經濟成長的三個要素。再加上開始一連串改善農業和發展工業的「發展計畫」，分為三個階段進行，產生了西班牙的經濟奇蹟，使得西班牙成為世界第十大工業國。人民生活水準和消費逐漸提高，經濟快速成長。西班牙不再是以農業立國的國家，農業在經濟上的地位漸低，這也促使西班牙社會型態轉變。在 1968 年，加泰隆尼亞、巴斯克和馬德里在工業上的就業人口占了西班牙人口的一半。相對地，西班牙失去了兩百萬移入城市工作的農業人口。依據官方的統計資料，1960 年代有三百七十萬人口從一個省分遷移至另一省分。這結果導致人口分布的不平均。然而，政府對這些突來的社會轉變束手無策，引起了社會衝突的相對增加。

從 1960 年代開始，傳統的工會組織 (UGT、CNT) 暗地裡再度整合，並有其他新的工會組織興起，如共產工會的「工人委員會」和天主教工會組織。而反對佛朗哥獨裁政體的政治組織也暗中再度鼓動製造反政府的活動。

佛朗哥政府在 1966 年通過〈國家組織法〉，開始一些輕度的自由化政策。在這組織法的效應之下，阿爾豐索十三世的孫子璜卡洛斯王子，在 1969 年被佛朗哥指定為未來的王位繼承人。這對佛朗哥政權的合法性有了交代。儘管如此，反政府聲浪仍持續高漲，而從 1970 年開始，受到世界經濟危機的波及，社會衝突情勢逐漸嚴重。學生暴動、工人衝突事件、政治反對分子的活動、加泰隆尼亞和巴斯克的民族主義運動，以及恐怖主義的發展，這種種事件使得政府的鎮壓方式更加嚴厲。1973 年國家元首和政府首長的職權劃定分開，後者由卡雷羅 (L. Carrero) 擔任。不料，同年卡雷羅卻在馬德里被巴斯克恐怖分子暗殺身亡。在 1975 年 11 月佛朗哥去世時，這些政治社會問題已到達極端嚴重的程度。

第二節　佛朗哥時期的「黯淡」文化

西班牙一些卓越的作家，如烏納木諾、羅爾卡，在西班牙內戰中喪命。戰爭結束後，佛朗哥政權建立，遂採取肅清異己的活動。許多知名的文人因此流亡國外，其中包括思想家、歷史學家、詩人、藝人、科學家等。一些文人選擇到歐洲國家或美國，但是大多數人飄洋過海，遠至拉丁美洲。墨西哥曾公開地支持第二共和國，並從未承認佛朗哥政權，而且對西班牙流亡人士敞開大門。這些文人在國外成立出版社和文學性的雜誌社，以及出版他們的書籍。

反觀西班牙國內，在佛朗哥政權之下，沒有文學創作自由：嚴厲的書籍審查、遵循天主教的文化教義、政府公認的「審美」標準，以及和西方國家發展的文化隔離。這些是佛朗哥政權，特別是在初期時的文化特性。不過，在 1950 年代，路易斯希梅內斯擔任教育部長時，便意圖文化革新。到了 1960 年代後期，這情形才稍微改善。

在小說方面，發展所謂的「可怕主義」，也就是表現暴力和恐怖的寫實主義，代表作品是瑟拉（C. J. Cela，1916 ～ 2002 年）在 1942 年出版的《巴斯寡杜阿爾德家庭》(*La familia de Pascual Duarte*)。瑟拉在 1989 年獲得諾貝爾文學獎。之後，也出現其他新的小說型態。

「二七年代」的詩人仍持續創作，雖然 1940 年代是西班牙詩歌最沉悶的時期，主要的詩人是阿隆索。到了 1950 年代才提升詩歌的文學品質。

在戲劇上的代表劇作家是布野羅巴野厚（A. Buero Vallejo，1916 ～ 2000 年），其首部作品《樓梯的故事》(*Historia de una escalera*) 受到當時美國戲劇寫作技巧的影響。

在電影界上，布努葉（L. Buñuel，1900 ～ 1983 年）是享譽國際的西班牙籍電影導演。他執導的影片幾乎都是在國外完成，特別是在墨西哥和法國。這時期的西班牙影片，除了少數幾位較傑出的導演所執導的影片之外，通常品質低落。到了佛朗哥政權末期時，沙烏拉（C. Saura，1932 年～ ）才在電影界發跡，展現其不凡的才華。

在繪畫方面，世界級大師畢卡索仍持續創作，直到 1973 年去世為止。1950 和 1960 年代以抽象風格取勝，知名的畫家為米羅、達利、大畢葉斯（A. Tàpies，1923 ～ 2012 年）等人。在雕刻上，智義達（E. Chillida，1924 ～ 2002 年）是這時期著名的雕刻大師之一。

第三節　成功的政治轉型模式：民主化的過程

新國王璜卡洛斯在 1975 年佛朗哥去世後上任，結束了長達三十幾年的專制獨裁政體。佛朗哥死後的最初幾年內，西班牙政治轉型期的路走得相當的艱辛。極右派和極左派的暗殺行為，加上北方巴斯克主張獨立的恐怖組織 (ETA) 的活動，使得人心惶惶，政局不穩。而新國王的智慧領導，對鞏固民主體制有著決定性的助益。

璜卡洛斯國王登基並成為西班牙國家元首後，隨即任命阿利阿斯納巴羅 (C. Arias Navarro) 為政府總理，組織內閣。阿利阿斯納巴羅意圖革新內閣，為的是讓西方民主國家看好這新政府。為了安撫左派反佛朗哥的情緒，他宣布一些改革政策。不過，新政

圖 46：1975 年 11 月 20 日佛朗哥病逝，幾小時後，璜卡洛斯便宣誓就任為西班牙國王。

府仍舊遭遇到反對黨派的阻撓。而當時嚴重的經濟危機、物價上揚以及失業人口暴增的問題，更使得工會組織走向街頭，發起罷工的浪潮以示抗議。面臨這困境，阿利阿斯納巴羅政府卻收回其改革方案，走回頭路。最後，國王於 1976 年 7 月強迫阿利阿斯納巴羅辭去職位，由阿多佛·蘇阿雷斯 (Adolfo Suárez) 接任。阿多佛·蘇阿雷斯突破各方的阻撓，讓國會通過〈政治改革法案〉，為根除獨裁政體而努力。這項法案立即獲得西班牙民眾的認同，也因此開啟西班牙民主化的過程：大赦政治犯、認可罷工權利、政黨和工會組織的合法化。阿多佛·蘇阿雷斯於 2014 年逝世，為了紀念他對西班牙民主政治的貢獻，同年將馬德里·巴拉哈斯 (Madrid-Barajas) 國際機場改名為阿多佛·蘇阿雷斯·馬德里·巴拉哈斯國際機場。

1977 年 6 月舉行首次的自由選舉，結果由民主中間聯盟黨的蘇阿雷斯政府獲得大選勝利，取得一百六十六位席次。而左派的工人社會黨也出乎預料地獲得一百十八位席次，緊追在後。共產黨以及巴斯克和加泰隆尼亞的國家主義陣營也在國會中占了一些席次。相反地，傳承佛朗哥政權的黨派，如人民陣線，卻敗選，只得到少數席位。

1978 年由國會修定的憲法，在同年年底的人民公投中高票通過，使得朝向民主制度的轉變過程，在司法上告一段落。憲法明言規定人民擁有自由的保障、兩議院的議員每四年由年滿十八歲的西班牙公民選舉產生等事項。1979 年 3 月政府召開大選，選舉結果與 1977 年大選並無多大的差異，不過，左派席次卻明顯增加。

民主中間聯盟黨的內部分歧迫使阿多佛・蘇阿雷斯於 1981 年 1 月向國王提出辭呈，由加爾博索德洛 (L. Calvo Sotelo) 接任。同年 2 月 23 日新內閣在國會就職時，一些民防隊的有心人士企圖政變失敗，但卻在這民主過程中留下一污點。民主中間聯盟黨內部危機增加到已無法化解的地步，導致這個執政黨走向解散的命運。於是，加爾博索德洛要求國王解散國會，召開大選。

1982 年大選，以拱沙雷斯 (F. González) 為首的工人社會黨獲勝，得到絕對多數的選票，而民主中間聯盟黨只得到十二個席位。從此更加穩固西班牙的政治體制，以及更加肯定西班牙國王在憲法上所扮演的角色，為西班牙民主體制的正常運作開啟了新時期。1939 年戰敗黨派（指共和陣營）的傳承者，以民主選舉的方式，擊敗內戰勝利者（指人民陣營）的接班人。

圖 47：1982 年由拱沙雷斯為首的工人社會黨贏得大選勝利，獲得絕對多數的選票。拱沙雷斯執政到 1996 年。

在這段民主政治轉型時期的內政上，依照憲法授予各自治區，特別是加泰隆尼亞、巴斯克和加利西亞的行政自治權。在經濟方面，雖然 1987 和 1988 年西班牙經濟復甦，但是對於失業率高居不下的問題，仍舊找不到解決對策。工會在 1988 年年底發起總罷工，來抗議當時的就業市場自由化政策的實施。另一方面，教育改革也引起嚴重的學生暴動事件。而對於恐怖分子的暗殺活動，也似乎找不到解決的辦法。

以上這些問題導致工人社會黨在 1989 年大選減少了席次。1992 年，由於波斯灣戰爭所引發的世界性經濟景氣低迷，使得失業人口再度提高，再加上一些政府貪污案件的揭發，使得工人社會黨的名聲信譽一落千丈。在 1993 年的大選中，工人社會黨失去了絕對多數的選票，在三百五十位席次中得到一百五十九位，險勝人民黨的一百四十一位席次。最後，在 1996 年大選時，由勢力漸增的人民黨（其前身為人民陣線）獲勝，這是西班牙民主時期以來首次的政權輪替。由阿斯納爾 (J. M. Aznar) 為首組織內閣，並得到加泰隆尼亞、巴斯克和加那利群島的中右派等國家主義黨的支持。2000 年 3 月的大選更給予人民黨在上下議院得到絕對多數的機會。

另一方面，佛朗哥政權垮臺後，緊接著所面臨的政治轉型期，在文化上最明顯和立即的影響是，之前一些禁書、禁演影片的出現。文學和藝術創作如雨後春筍般地崛起，充滿活力。流亡異鄉的文人陸續地返鄉，文化的再造工程浩大，但作家的寫作題材不外乎是以在佛朗哥時期親身經歷體驗的事跡和感受為主，文學創作的進程仍緩慢前行。

在自由的創作環境和機會中，新一代的作家將是文學希望的寄託處。另一方面，1977 年成立的文化部，更是積極推動音樂、電影、舞蹈、戲劇、繪畫和雕刻等方面的發展。

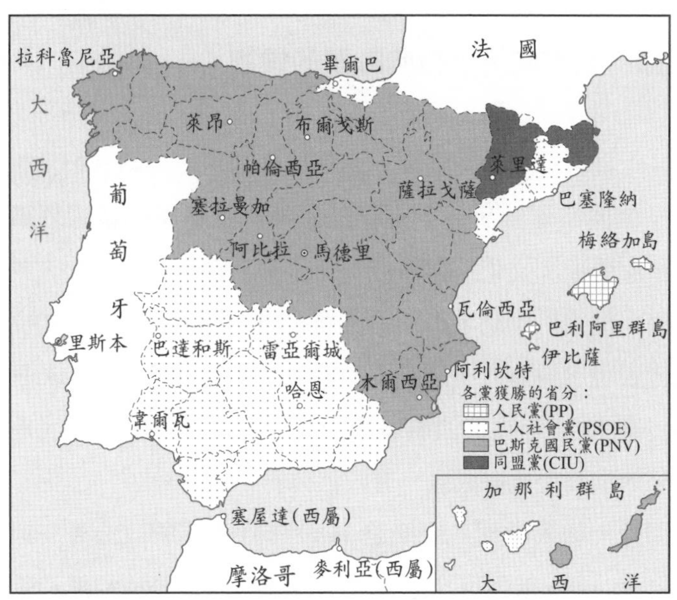

圖 48：1996 年 3 月 3 日大選結果出爐，人民黨獲勝，擊敗連續執政十四年的工人社會黨　不過，人民黨並沒有如願以償地得到絕對多數的席位；因此，得求助於獲得十六席的加泰隆尼亞聯合黨。從上圖中可見人民黨的票源大多來自中北地區，而工人社會黨依然在西班牙南部各省分，以及東北角的巴塞隆納省，獲得極高的支持度。

圖 49：1996 年人民黨黨魁阿斯納爾宣誓就職為西班牙總理

第四節　欣欣向榮：投向歐盟的懷抱

在十九、二十世紀期間，西班牙人的思想方向有相當重要的部分是朝向有關西班牙歐洲化的思潮。這種尋求新的群體認同感，和感受歐洲文化的歸屬感，一直都明顯地在許多文人的筆下顯露出。例如：拉納、洛斯里猶斯、巴雷拉和九八年代的文人，一直皆表現出對這方面的憂慮和期盼。尤其對一些文人和思想家而言，從 1898 年在美西戰爭中西班牙喪失最後幾處殖民地後，西班牙的歐洲化幾乎成為一套政治方針。

因此，加入歐洲各組織是 1980 年代重要的政治外交目標。1981 年和 1986 年西班牙相繼地加入北大西洋公約組織和歐洲經濟共同體。對西班牙人來說，加入歐盟具有特別的意義，因為它不只是參與大型長程的歐洲大陸計畫，也是滿足了從十八世紀以

圖 50：1986 年西班牙簽署加入歐洲經濟共同體的協約

來西班牙主張進步改革派系的歷史期盼。這些主張進步改革人士認為加入歐洲組織是剷除「祖國禍源」的最好方法。

在 1990 年代，西班牙由歐盟所獲得的經費補助款，得以實施一些重要的公共工程計畫，來加快國家現代化的腳步。另一方面，成為歐盟會員國之一也使得西班牙重新登上國際社會舞臺，扮演重要的角色。一些重要性的國際會議，例如：1991 年中東和平世界高峰會、1992 年的西班牙和拉丁美洲國家高峰會、1997 年的北大西洋公約組織大會，皆在西班牙舉行。特別是 1992 年，西班牙主辦了兩項重要的國際性活動：巴塞隆納的奧運會和塞維亞的世界博覽會。西班牙政府努力地讓世人知道西班牙是一個進步和現代化的國家，能與世界經濟列強並駕齊驅。此外，1992 年歐盟會員國們簽訂的〈馬斯垂克 (Maastricht) 條約〉和 1995 年商榷歐元事宜也在馬德里協議。2002 年歐元開始在歐洲通行，西班牙也成為當時首批使用歐元的國家之一。

自從加入歐盟組織，西班牙政府已逐漸調整其外交政策，配合其他會員國的外交方針。如此才能在 1989 年上半年、1995 年下半年和 2002 年上半年輪值為歐盟主席國時扮演好角色。有百分之六十三的西班牙人對西班牙加入歐盟抱持肯定的態度。

二十一世紀初的西班牙是一個在短短數年中經歷政治、社會和經濟大幅度改變的現代國家。它已躍升為資本（世界第六位）、服務業以及文化、工業和農業產品的輸出國。西班牙同時也是一個觀光業強國，並且曾被聯合國教科文組織推選為人類文化遺產的古蹟是世界最多的國家。它也在短短時間內由人工輸出國轉變成為無數淘金客嚮往移民的國家，尤其是吸引了許許多多從中北非和中南美洲的非法移民者。這一波波的非法移民浪潮已引起西班牙政府的擔憂，甚至於其他歐盟會員國也為此感到憂慮。

第五節　不確定的年代

2003 年，西班牙政府支持英美參與伊拉克戰爭，導致隔年馬德里發生火車連環爆炸，死傷慘重，事後人民黨的阿斯納爾敗選，而由工人社會黨的薩巴德洛 (J. L. Rodríguez Zapatero) 組閣，並宣布從伊拉克撤軍。薩巴德洛任內推動同性婚姻合法化、性別平等法、成立婦女受暴法官、調整移民規定、對逆境家庭一系列的幫助措施、試圖與巴斯克恐怖組織愛塔 (ETA) 建立和平進程，以及禁菸令等政策的改革。

到了 2011 年，西班牙經濟受到世界經濟金融危機與全國性房地產泡沫的影響，薩巴德洛因而放棄連任，提前大選，人民黨在同年大選獲勝，由拉何伊 (Mariano Rajoy) 組閣。拉何伊上任後繼續執行緊縮經濟政策，並面臨加泰隆尼亞對國家主權的挑戰。2014年初，伊格列希阿斯(Pablo Iglesias)組成「我們能」(Podemos)左翼政黨，並在短暫的時間竄起，成為第三大政黨。同年 6 月 2 日，璜卡洛斯國王宣布退位，不久由兒子菲力普六世繼承王位；11 月 9 日，加泰隆尼亞自治區當局舉行未經國家認可的象徵性獨立公投，開啟了地方與中央政府的對抗。2015 年 12 月 20 日的大選產生嚴重的投票分散，無法任命新內閣，到了憲法所規定的期限則需再次舉行大選，因此菲力普國王在沒總理候選人下解散了第十一屆國會。隔年 6 月，重新舉行大選，此乃西班牙步入民主政體之後首次發生的狀況，而結局仍由拉何伊組閣。2017 年 8 月，加泰隆尼亞的巴塞隆納和坎布里斯 (Cambrils) 成為伊斯蘭聖戰者攻擊的目標，造成死傷與恐慌；同年 10 月，加泰隆尼亞自治區當局舉行第二次的獨立公投，宣布從西班牙獨立，成立加泰隆尼亞共和國，之後相關人士遭到判刑，加劇加泰隆尼亞自治區騷亂局勢。

2018 年 5 月，巴斯克恐怖組織愛塔宣布解散；6 月 1 日，西班牙國會通過對拉何伊的不信任提案，使他因貪瀆成為首位被國會罷免的總理，接著由工人社會黨的桑切斯 (Pedro Sánchez) 組閣。2019 年 2 月，桑切斯的預算案被否決，於是他宣布提前於 2019 年 4 月 28 日舉行大選，大選後因無法與其他政黨達成協議籌組政府，故同年 11 月再次舉行大選，此次大選後桑切斯終於和「我們能」政黨組成聯合政府，而極右翼政黨「呼聲」(Vox) 黨席次遽增。2020 年，新冠病毒 (Covid-19) 席捲全球，3 月起西班牙也受到重創，實施全國封城的緊急狀態；8 月，退位的璜卡洛斯國王因貪腐醜聞流亡阿拉伯聯合大公國，西班牙王室的威信掃地。現在的西班牙還處在疫情的陰霾中，社會經濟的重創難以估計，未來疫情過後的路究竟如何走向還是未知數。

後　記

對歷史學界而言，二十世紀是歷史研究的一大轉變，尤其是二次世界大戰以後，世界各地的殖民地紛紛脫離母國而獨立，讓歐洲人認識自身文化的局限性，慢慢地擺脫以往的「西歐中心論」的寫作方式。這個轉變使得歷史研究寫作的題材更加豐富多元，而原本十九世紀以來蘭克 (Leopold von Ranke) 學派所重視的以官方檔案為資料的政治史，漸漸退隱到後臺。

受到法國年鑑學派 (Annales School) 和後現代主義的衝擊，歷史學家們接受其他學科的理論和方法，如社會學、經濟學、地理學、人類學、語言學等的影響下，意識到學科整合的重要性，並漸漸地把研究的重心轉向社會經濟史、文化史和日常生活史等的研究。至於研究的對象也從官方、少數上層階級轉向長期以來被忽視的一般平民大眾，出現所謂的「從下而上」的角度來看歷史的發展。而資料的採用也不再僅僅重視官方的資料或文字資料，史家開始注重一些非文字資料，像一些圖像、藝術作品、器物等。筆者基於此，原試圖打破先前臺灣在西洋國別史寫作的方式，建構一套不同於以往幾乎完全著墨在政治史方面的架構。然而，時間、資料收集、篇數等方面的限制，取捨兩難的情況下，無法面面俱到並深入探討西班牙歷史中許多細微的部分，呈現本書原本應有的面貌。謹此敬上深深的遺憾。但期望本書能使讀者對西班牙歷史有點初步的認識，書中並傳達了筆者對西班牙歷史的一些粗淺看法。

附　錄

大事年表

西元前

二百萬～十萬	舊石器時代早期。
十萬～三萬五千	舊石器時代中期。
三萬五千～一萬	舊石器時代晚期。
一萬五千	阿爾塔米拉洞穴壁畫。
一萬～五千	中石器時代。在半島的東部出現洞穴壁畫文化。
5000 ～ 2500	新石器文化。出現巨石建築。
2800 ～ 2600	阿爾梅里亞文化。
2340	米雅雷斯文化。
1700 ～ 1100	埃阿爾加文化。
1100	腓尼基人在現今的加地斯建立商業據點。
1100 ～ 1000	在西班牙南部開始有塔特索文化的建立。
900 ～ 650	塞爾特人滲入伊比利半島。
800 ～ 775	腓尼基人在現今的馬拉加和格拉那達的沿海地帶建立據點。
800 ～ 760	在伊比利半島開始出現大量開採銀礦。
700 ～ 600	腓尼基殖民的極盛期。

700 ～ 500	塔特索文化在西班牙南部發展快速、繁榮。
580	希臘殖民的開始，其主要的中心在加泰隆尼亞沿岸的埃波里歐（今稱安普里阿斯）。
535	喀他希內斯人在阿拉里亞戰役中打敗希臘人。
500	塔特索文化消失。
460	在安普里阿斯開始鑄造銀幣。
237	阿米爾卡到達加地斯，開始統治伊比利半島。
228	阿米爾卡的女婿阿斯圖烏巴在喀他赫納建立城市，此城成為喀他希內斯人在西班牙的首都。
218	羅馬軍進入安普里阿斯，開啟第二次羅馬對迦太基之戰的第一場軍事行動。
205	羅馬人打敗及驅逐喀他希內斯人。
155 ～ 139	羅馬征服盧西塔尼亞。
154 ～ 133	羅馬戰勝塞爾特伊比利人，努曼西阿被羅馬人征服 (133 BC)。
14	奧古斯都皇帝將西班牙領土規劃成三個省分。
西元後	
39	詩人盧加諾出生於哥多華。
70	金蒂利亞諾被任命到羅馬為修辭學教授。
98	圖拉真成為第一位羅馬皇帝的西班牙人。
100 ～ 300	基督教傳入西班牙。
380	基督教成為羅馬帝國的國教。

409	日耳曼民族入侵西班牙。
416	西哥德人入侵伊比利半島，驅逐島上其他的日耳曼民族。
457	西哥德國王狄奧多里戈（Teodorico，453 ～ 466 年在位）率領軍隊征討蘇匯柏人。
549	拜占庭人占領巴埃蒂加。
580	頒布《萊歐比希多法典》。
587	西哥德國王雷卡雷多改信天主教。
589	第三次托雷多宗教會議宣布天主教為國教。
624	西哥德國王蘇伊蒂拉將拜占庭人驅逐出西班牙。
711	北非的穆斯林入侵伊比利半島，打敗西哥德國王羅德里戈，開啟伊斯蘭統治西班牙時期。
718	西哥德國王佩拉約在科巴多加打敗伊斯蘭軍隊，建立阿斯圖里亞斯王國。
732	穆斯林受挫於法國的波迪爾，被「鐵鎚」查理打敗。
756	奧米雅家族的阿德．阿爾—拉馬王子在西班牙建立獨立省分，自立為埃米爾，建都於哥多華。
786	開始哥多華清真寺的建造。
929	阿德．阿爾—拉馬三世採用「哈里發」稱號，他在位時期是穆斯林統治西班牙最繁榮的時候。
961 ～ 976	阿爾—阿坎二世在哥多華創建一座大圖書館。

1031	奧美雅哈里發分裂成許多塔伊發斯王國。
1085	卡斯提亞國王阿爾豐索六世收復托雷多。
1090	北非的阿莫拉比德人占據阿安達魯斯重要的城市。
1094～1099	「埃西得」統治瓦倫西亞。
1137	加泰隆尼亞和亞拉岡結合成一個王國。
1139	葡萄牙王國誕生。
1212	基督徒在納瓦斯．托洛薩之役打敗阿莫阿德人。
1218	萊昂的阿爾豐索九世創立塞拉曼加大學。
1230	卡斯提亞和萊昂結合成一個王國。
1238～1462	基督徒往南部推進，占領瓦倫西亞、哈恩、塞維亞、加地斯、阿爾赫西拉斯 (Algeciras) 和直布羅陀。
1282	西西里島併入亞拉岡王國。
1348～1350	黑死病擴散到整個西班牙，造成大量的人口死亡。
1391	在西班牙的許多城市出現反猶運動和屠殺猶太人的事件。
1469	卡斯提亞的伊莎貝爾嫁給亞拉岡的費南度。
1479	卡斯提亞—萊昂王國和亞拉岡王國聯合統治。加那利群島成為卡斯提亞的領土。
1481	天主教二王建立宗教法庭。
1492	基督徒打敗格拉那達的納薩里王國，結束了穆斯林長期的統治。猶太人被驅逐出卡斯提亞領土。哥倫布到達美洲。

1516	卡洛斯一世成為西班牙哈布斯堡王朝的第一位君王。
1556	菲力普二世登基為王。
1566	低地國（尼德蘭）叛亂爆發，西班牙被迫持續將近一世紀的平亂戰爭。
1580	葡萄牙併入，成為西班牙的領土。
1588	英國擊敗西班牙的無敵艦隊。
1605	塞凡提斯出版《唐吉訶德》小說的第一部。
1640	葡萄牙脫離西班牙統治，再度成為獨立的王國。
1648	荷蘭獨立。
1700	西班牙哈布斯堡王朝的最後一位君王卡洛斯二世去世，法王路易十四的孫子菲力普被任命為王位繼承人。
1733	西、法簽署首次「家族協議」，開啟兩國長達半世紀的同盟關係。
1767	耶穌會教士被驅逐出所有西班牙統治的領土。
1808	拿破崙軍隊進入西班牙，西班牙獨立戰爭開始。
1812	在加地斯的國會通過西班牙第一部憲法草案。
1814	西、英聯軍擊退法軍，結束法國在西班牙的統治。
1816	阿根廷正式脫離西班牙而獨立。
1818	智利正式脫離西班牙而獨立。

1819	哥倫比亞宣布成為共和國，正式脫離西班牙而獨立。
1821	墨西哥正式脫離西班牙而獨立。
1824	秘魯正式脫離西班牙而獨立。
1839	工人結社權利的法令首次通過，開啟西班牙的工人運動。
1868	光榮革命成功，組織臨時政府。西幣 (peseta) 正式發行。
1873	阿瑪德歐一世退位，西班牙宣布成立第一共和國，只維持兩年。
1874	君主體制復辟，阿爾豐索十二世為國王。
1879	西班牙工人社會主義民主黨 (PSOE) 成立。
1888	在巴塞隆納創立西班牙工人聯盟會 (UGT)。
1898	美西戰爭爆發。西班牙在美洲和亞洲的殖民地喪失殆盡。
1909	阿爾豐索十三世時期第一次的嚴重政治危機發生於巴塞隆納，即「悲痛星期」。
1917	爆發西班牙歷史上第一次總罷工。
1923	匹里摩德里梅拉將軍領導政變成功，建立軍事獨裁。
1930	匹里摩德里梅拉將軍辭職下臺。
1931	君主體制垮臺，建立第二共和國。

1936	西班牙內戰爆發。
1939	西班牙內戰結束，建立佛朗哥獨裁政體。
1955	西班牙加入聯合國組織。
1975	佛朗哥去世。璜卡洛斯國王登基，並成為西班牙國家元首。開始西班牙政治轉型期。
1982	工人社會黨大選獲勝，執政到 1996 年。
1986	西班牙加入歐洲經濟共同體。
1996	人民黨大選獲勝，西班牙民主時期以來首次政權輪替。
2002	成為首批使用歐元的國家之一，西幣走入歷史。
2004	工人社會黨大選獲勝，由薩巴德洛組閣。
2005	通過同性婚姻合法化，成為世界第三個同性婚姻合法化的國家。
2011	人民黨大選獲勝，由拉何伊組閣。
2013	呼聲黨創立。
2014	「我們能」政黨成立。璜卡洛斯國王退位，由兒子菲力普六世繼承王位。加泰隆尼亞自治區舉行象徵性獨立公投。
2018	巴斯克恐怖組織愛塔 (ETA) 宣布解散。拉何伊被罷免，由工人社會黨的桑切斯組閣。
2020	受到新冠病毒的重創。退位的璜卡洛斯國王因貪腐醜聞流亡阿拉伯聯合大公國。

參考書目

Albaigès, Josep M., *Enciclopedia de los Topónimos Españoles*, Barcelona: Planeta, 1998.

Alvar, Jaime, *Historia de España 2* (*De Argantonio a los romanos*), Madrid: Historia 16, 1995.

Alvarez de Miranda, *Ritos y juegos del toro*, Madrid: Taurus, 1962.

Angus, Mackay, *La España de la edad media: Desde la frontera hasta el Imperio (1000–1500)*, Madrid: Cátedra, 1991.

Arbaiza Vilallonga, Mercedes (ed.), *La cuestión vasca. Una mirada desde la Historia*, Bilbao: Universidad del País Vasco, 1999.

Arranz, A., Ripoll, G., Azcárrate, P. & Mario Beltrán Federico, "El final de los visigodos (586–711)," *Historia 16*, 1989, No. 163, pp. 55–80.

Bajo A., Fe & Gil P. Julio, *Historia de España*, Madrid: S.G.E.L., 1998.

Balanzá, M., Benejam, P., Llorens, M., Ortega, R. & Roig, J., *Ibérica*, Barcelona: Vicens-Vives, 1990.

Ballesteros Beretta, Antonio, *Sintesis de Historia de España*, Barcelona-Madrid: Salvat editores, S. A., 1957.

Bendala, Manuel, *Tartesios, iberos y celtas*, Madrid: Ediciones Temas de Hoy, 2000.

Bozal, Valeriano, *Historia del arte en España*, tomo I–II, Madrid: Ediciones Istmo, 1991.

Braudel, Fernand 著，賴建誠譯著，《年鑑學派管窺——地中海》，臺北：麥田，1996，頁 505–963。

Carr, Raymond, *Spain: A History*, Oxford University Press, 2000.

Castelló, J. E., *España: siglo XX, 1939–1978*, Madrid: Anaya, 1992.

Cerdeño, María Luisa & Vega, Gerardo, *Historia de España 1 (La España de Altamira)*, Madrid: Historia 16, 1995.

De Azcárate Ristori, J. M., Pérez Sánchez, A. E. & Ramírez Domínguez, J. A., *Historia del Arte*, Madrid: Anaya, 1979.

Fernández, D. R., *La España del Siglo XVIII*, Madrid: Anaya, 1990.

Gay Armenteros, J. C., *La España del Siglo XX*, Madrid: EDI–6, 1986.

Goytisolo, Juan, *España y los españoles*, Barcelona: editorial Lumen, 1979.

Guerra, Ramón, *La Corte española del Siglo XVIII*, Madrid: Anaya, 1991.

Iradiel Paulino, Moreta Salustiano & Sarasa Esteban, *Historia medieval de la España cristiana*, Madrid: Cátedra, 1989.

Kamen, Henry, *La Inquisición Española*, Barcelona: Crítica, 1999.

Kattán-Ibarra, Juan, *Perspectivas culturales de España*, Lincolnwood: National Textbook Company, 1995.

Lara Peinado, Federico, *Así vivían los fenicios*, Madrid: Anaya, 1990.

Livermore, Harold, *Orígenes de España y Portugal*, Barcelona: Aymá S.A. Editora, 1972.

Lleal, Coloma, *La formación de las lenguas romances peninsulares*,

Barcelona: Barcanova, 1990.

López, J. & Larrea, D., *Atlas histórico de España y Portugal*, Madrid: Síntesis, 1999.

Marcos Marín, Francisco, *Literatura castellana medieval: De las jarchas a Alfonso X*, Madrid: editorial Cincel, 1980.

Manuel De Terán, Solé Sabarís, L. & Vilá Valentí, J. *Geografía General de España*, Barcelona: Editoial Ariel, S.A., 1986.

Muñoz, F. A., González, C. & Roldán J. Manuel, *Roma contra Cartago*, Madrid: Historia 16, 1985.

Paniaguera, J., *España: siglo XX, 1931–1939*, Madrid: Anaya, 1991.

Pérez, Joseph, *Historia de España*, Barcelona: Crítica, 2000.

Pérez, Joseph, *La España del Siglo XVI*, Madrid: Anaya, 1991.

Planeta (ed.), *Historia de España*, vol. 1–12, Barcelona: Planeta, 1988.

Roldan, J. M., *Historia de España*, Madrid: edelsa, 1989.

Roldan, J. M., *Historia de España*, Madrid: EDI–6, 1988.

Simón, Antoni, *La España del Siglo XVII*, Madrid: Anaya, 1991.

Sobrequés Callicó, J., *La Peste Negra en la Península Ibérica*, en Anuario de estudios Medievales No. 7, 1970–71, pp. 67–101.

Sobrequés Vidal, S., *Hispania*, 臺北：中央出版社 , 1985.

Suárez Fernández, L., *Los Reyes Católicos. (La expulsión de la fe)*, Madrid: Rialp, 1990.

Tamanes, R. & Quesada, S., *Imágenes de España*, Madrid: Edelsa, 2001.

Thomas F. Glick, *Cristianos y musulmanes en la España medieval (711–*

1250), Madrid: Alianza, 1991.

Thompson, E. A., *Los godos en España*, Madrid: Alianza, 1971.

Tuñón de Lara, Manuel, *Historia de España*, tomo III, Madrid: Labor, 1987.

Tuñón de Lara, Manuel, *Historia de España (Textos y documentos de historia antigua, media y moderna hasta el siglo XVII)*, tomo XI, Madrid: Labor, 1984.

Ubieto y otros, *Historia ilustrada de España,* v. 5., Barcelona: Círculo de Lectores, 1997.

Ubieto y otros, *Historia ilustrada de España,* v. 10., Barcelona: Círculo de Lectores, 1998.

Ugarte, Francisco, *España y su civilización*, 臺北：中央出版社 , 1982.

Valdeón, J., Salvador, N., López Estrada, E. & Marcos Marín F., *La España de Alfonso X*, Madrid: Historia 16, 1985.

Vincent, Mary & Stradling, R. A., *Atlas cultural de España y Portugal*, Barcelona: Optima, 2000.

Walker, Joseph M., *Historia de España*, Madrid: Edimt Libros, 1999.

圖片出處：Archivo Iconográfico S. A.: 9, 20, 24, 32, 43, 45, 47, 50；DUSKO DESPOTOVIC/CORBIS SYGMA: 49；*Historia de España 1*, Historia 16: 4；Shutterstock 圖庫網：8, 10, 13, 14, 16, 21, 22, 25, 31, 37, 42；Succession Picasso 2003: 44；Wikipeadia：3, 7, 11, 18, 19, 23, 27, 30, 35, 36, 38, 39, 40, 41, 46；筆者提供：9

烏克蘭史——西方的梁山泊

烏克蘭土地肥沃，自古以來吸引許多強國占領、瓜分，因而造就其悲慘的歷史。後來境內逐漸出現了「哥薩克人」，奮勇抵抗外來侵略，且讓我們翻開此書，了解哥薩克人怎麼扮演西方「梁山泊」的角色，帶領烏克蘭人走向獨立、自主的新境界。

捷克史——波希米亞的傳奇

位處歐洲心臟地帶的捷克，深受日耳曼和拉丁文化勢力的影響，也是傳統歐洲與斯拉夫世界的橋樑。二次大戰後捷克陷於蘇聯的鐵幕之下，1968年的布拉格之春喚起捷克沉睡的靈魂，而1989年的絲絨革命，終為捷克的民主化開啟新頁。

國家圖書館出版品預行編目資料

西班牙史：首開殖民美洲的國家／方真真,方淑如著.
——增訂二版一刷.——臺北市：三民，2022
面；　公分.——（國別史叢書）

ISBN 978-957-14-7319-2（平裝）
1. 西班牙史 2. 歷史

746.11　　110016831

國別史

西班牙史——首開殖民美洲的國家

作　　者	方真真　方淑如
發 行 人	劉振強
出 版 者	三民書局股份有限公司
地　　址	臺北市復興北路 386 號 (復北門市) 臺北市重慶南路一段 61 號 (重南門市)
電　　話	(02)25006600
網　　址	三民網路書店 https://www.sanmin.com.tw
出版日期	初版一刷 2003 年 6 月 初版六刷 2018 年 3 月 增訂二版一刷 2022 年 4 月
書籍編號	S740310
I S B N	978-957-14-7319-2